다꾸 시작할 땐
귀여운
손그림
일러스트

시로쿠마 나나민 ✳ Emma ✳ 오차 ✳ 자부 노 오우치 지음
김진아 옮김

자투리 시간에 일러스트를 그려보자!!

인기 일러스트레이터들의 멋진 아이디어가 가득!
시간이 남았을 때, 집에 있는 도구를 사용해서 누구나 간단히 귀여운 일러스트를 그릴 수 있답니다♪

시로쿠마 나나민

'일러스트＝어려운 것'이라고 생각하지 말고 선 그리기나 페이지가 채워지는 과정을 즐겨보세요! 저는 항상 펜과 공책을 들고 다닌답니다!

검은 볼펜 한 자루만 있으면 집에서 시간을 알차게 보낼 수 있답니다♪ 수첩이나 공책에 슥슥 그리면 기분이 좋아져요!

오차

쟈부 노 오우치

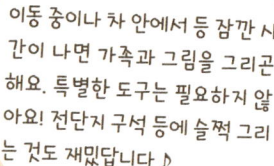

이동 중이나 차 안에서 등 잠깐 시간이 나면 가족과 그림을 그리곤 해요. 특별한 도구는 필요하지 않아요! 전단지 구석 등에 슬쩍 그리는 것도 재밌답니다 ♪

Emma

내가 그린 그림이 쌓여가면 다시 살펴보는 재미가 늘어납니다. 여러 필기구로 시험해 보면, 완성된 그림의 차이에 가슴이 두근거려요 ♪

외출했을 때 발견한 것을 보고 느낀 두근거림을 그려내는 습관이 매일을 즐겁게 해준답니다!

Tamy

그림 그리기용 기본 도구를 체크하자!

일러스트를 그리기 전에 미리 준비해 두면 좋을 도구를 확인해 봅시다!
여러 종류 중에서 나한테 맞는 것을 고르는 것도 하나의 재미랍니다 ♪

공책 · 스케치북

크로키북

무지로 된 얇은 용지라서 편하게 들고 다닐 수 있어 좋아요. 연필로 슥슥 데생하거나 그림을 연습하고 싶을 때 큰 도움이 됩니다.

크로키북 / 마루만

스케치북

까끌까끌한 질감이어서 수성펜이나 수채화 물감 등 여러 가지 화구와 궁합이 잘 맞습니다. 사이즈도 다양합니다.

밖에 나가서 그릴 수 있어요!

스케치북 A4 도안 시리즈 / 마루만

여러 가지 펜 등

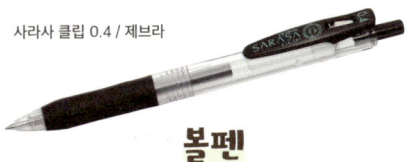

사라사 클립 0.4 / 제브라

볼펜

선을 그릴 때나 색을 입힐 때 등에 사용합니다. 펜 끝의 굵기에 따라 그림의 분위기가 달라지므로 여러 방법을 시도해 보세요.

마일드 라이너 / 제브라

마카

색칠에 매우 편리합니다. 펜 끝이 뾰족하거나 납작한 것이 있어요. 라인 마카는 글자 위에 선을 그을 때도 자주 사용된답니다.

사인펜 / 펜텔

사인펜

볼펜보다 굵은 선을 그릴 수 있습니다. 발색이 좋은 것이 많고 글자에도, 일러스트에도 사용하기 좋은 필기구예요.

자연스럽게 완성 ♪

toirono(토이로노) / 미츠비시연필

색연필

볼펜으로 선을 그리고 색연필로 색칠하면 색이 너무 도드라지지 않고 자연스러운 분위기를 낼 수 있습니다. 조금 기울여서 쥐면 색칠하기 편해요!

이 책을 사용하는 법

이 책에서는 기본부터 응용 테크닉까지 폭넓게 배울 수 있습니다!
선을 따라 그려보거나 예시 일러스트를 참고해서 마음껏 그려봅시다.

1 일러스트 활용 방법 체크

각 장의 첫 부분에는 일러스트를 활용한 카드나 수첩 등의 작품을 가득 싣고 있습니다. 어떤 일러스트를 그리고 싶은지 여러 이미지를 마음껏 구상해 보세요.♪

2 일러스트의 선을 따라 그리기

'따라 그려봅시다'의 선을 좋아하는 펜으로 따라 그리기만 해도 귀여운 일러스트가 완성됩니다! 남는 시간을 사용해서 색칠에도 도전해 보세요.

3 예시를 참고해서 일러스트 그리기

예시를 보면서 직접 그려보면 일러스트 그리기 실력이 더 늘어요♪ 처음에는 예시를 흉내 내어서 그려보고, 조금씩 자기만의 방식을 찾아보세요!

서적 구입자 한정 다운로드 특전
따라 그리기 연습 시트

이 책에 개재된 일러스트 선화를 정리한 '따라 그리고 연습 시트'를 서적 구입자 한정 특전으로서 다운로드 배포합니다! A4 사이즈 시트를 프린트하면 몇 번이든 따라 그리기와 색칠 연습을 할 수 있습니다.♪

이 책에 수록된 포즈 자료는 AK커뮤니케이션즈
홈페이지의 자료실 게시판에서 다운로드할 수 있습니다.

※URL: https://www.amusementkorea.co.kr/

·압축 해제 프로그램으로 파일의 압축을 해제한 다음 사용하세요.
·특전 데이터 안에 포함된 '특전 데이터 사용 전에 읽어주세요.txt' 파일을 꼭 읽어주세요.

특전 다운로드 비밀번호: 80585

Contents

자투리 시간에 일러스트를 그려보자! ········ 2
그림 그리기용 기본 도구를 체크하자! ······· 4
이 책을 사용하는 법 ···························· 5

Part 1 기본 일러스트

쉽고 귀여운 일러스트 그리기 요령 ················ 8
여러 가지 선을 그려보자 ····························· 10
간단한 형태를 그려보자 ······························ 11
실패하지 않는 배색 테크닉 ··························· 12
펜 고르는 법 ·· 14
여러 가지 색칠법 ······································· 15
Illust Lesson 1 생물 ·································· 16
Illust Lesson 2 자연 ·································· 22
Illust Lesson 3 인물 ·································· 26
Illust Lesson 4 패션 ·································· 34
Illust Lesson 5 아이템 ································ 38
Illust Lesson 6 음식 & 음료 ························· 44

Part 2 응용 일러스트

기본 일러스트 응용하기 ······························· 50
Illust Idea 1 일상 ····································· 52
Illust Idea 2 외출 ····································· 56
Illust Idea 3 동물 캐릭터 ··························· 62
Illust Idea 4 판타지 ·································· 66
봄, 여름, 가을, 겨울 사계절 일러스트 ············ 72
Illust Idea 5 계절 일러스트 ························ 74
Illust Idea 6 십이간지 일러스트 ·················· 90

Part 3 글자 · 장식

귀여운 글자 & 장식 ····································· 92
글자를 귀엽게 쓰는 요령 ······························ 94
Text&Illust 1 히라가나 ······························ 96
Text&Illust 2 가타카나 ······························ 98
Text&Illust 3 알파벳 ·································· 100
Text&Illust 4 숫자 ····································· 102
          한글 ··· 103
Text&Illust 5 장식 ····································· 104

Part 4 수첩 · 공책을 멋지게 정리하는 법

다이어리 ·· 112
무지 공책 ··· 114
줄공책 ·· 116
Illust Idea 1 편리한 기호 ··························· 118
Illust Idea 2 날짜 장식 ······························ 120
Illust Idea 3 아이콘 일러스트 ····················· 124
Illust Idea 4 자투리 시간의 아이디어집 ········ 134
Illust Idea 5 마스킹 테이프 활용법 ·············· 138

COLUMN 1 여행 일기를 그려보자! ·· 140
COLUMN 2 여러 가지 펜을 사용해서 일러스트를 그리자 ················· 142

여러 가지 선을 그려보자

먼저 다양한 모양의 선을 그려봅시다. 실력을 빠르게 늘리기 위해서는 꼼꼼하고 천천히 그리는 게 좋아요. 나에게 맞게 적절히 힘 조절을 하면서 선 그리기를 연습해 보세요.

 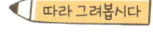

직선

끝까지 집중해서 그리면 더 깔끔하게 그릴 수 있어요. 손목은 조금만 움직이는 편이 좋습니다.

빙글빙글

그리기 전에 어깨와 손의 힘을 빼고 리듬감 있게 펜을 움직이세요.

뾰족뾰족

작은 산을 많이 그리는 느낌으로 각을 바짝 세워 그려요.

점선

작은 동그라미나 짧은 선을 반복적으로 그리면 점선이 완성됩니다.

파도

그리는 도중에 멈추지 않고 전부 다 그릴 때까지 매끄럽게 움직이는 게 요령입니다.

 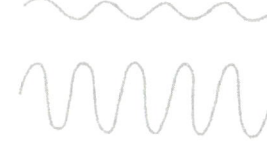
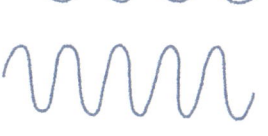

심플한 편지지와 봉투에 일러스트를 그리면 오리지널 편지 세트가 완성되지요!

마음에 드는 주방 아이템 등도 귀여운 포인트가 된답니다♥

초보자는 작은 사이즈의 '미니 일러스트' 부터 시작해 보세요. 심플한 편지지&봉투의 느낌이 싹 달라집니다. 마카나 색연필을 사용해서 색칠해 봅시다.

쉽고 귀여운
일러스트 그리기 요령

아이템에 약간의 일러스트를 더하기만 해도 매일이 즐거워집니다.
동물, 인물, 음식 등 여러 일러스트를 마음껏 그려보세요!

종이 코스터에 동물이나 디저트를 그려 넣어보세요. 방에 장식해도 좋아요!

무지로 된 종이 코스터는 천원숍 같은 가게에서 쉽게 살 수 있답니다. 사이즈가 작으니 일러스트 초보자도 다루기 쉬운 아이템입니다.

앨범 표지는 가족 얼굴을 그려도 멋지답니다! 카메라나 간단한 무늬를 곳곳에 배치해 보세요!

어두운색 종이는 옅은 색 펜과 궁합이 좋아요. 흰 펜으로 선을 그리고 선명한 색으로 색칠하면 멋들어진 분위기가 완성됩니다.

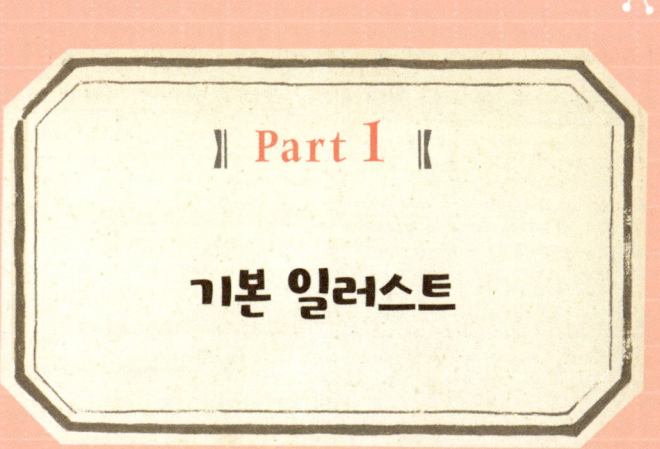

간단한 형태를 그려보자

심플한 형태를 익히면 여러 일러스트에 응용할 수 있습니다.
모양이나 각도를 살짝 바꿔서 다채롭게 그려봅시다.

예시 / 따라 그려봅시다

동그라미

사람 얼굴이나 동물 등을 슥슥 그리고 싶을 때 딱 맞아요. 한 번에 확 그려요!

삼각형

꼭짓점을 기준으로 좌우 대칭을 의식하면서 균형 있게 그리면 됩니다.

사각형

한 변씩 그리기, 위아래 변부터 그리기 등 그리기 쉬운 순서를 찾아봅시다.

별

선으로 오각형의 각을 잇기만 해도 별이 완성됩니다. 옆선을 똑바로 그리면 더 예뻐요.

하트

동그란 하트, 뾰족한 하트 등 자유로운 디자인을 만들어 봐요.

Part I 기본 일러스트

실패하지 않는 배색 테크닉

일러스트에 맞춰 선과 면의 색을 고름으로써 쉽게 멋진 일러스트를 그릴 수 있습니다.
이때 색의 가짓수를 2~3개로 제한하면 깔끔하고 정돈된 느낌을 줍니다.

선의 색을 1 가지 고르자

어떤 일러스트를 그릴지 생각해 보면서, 아래의 색을 참고로 선의 색깔을 결정해 봅시다.

베이직

고민이 되면 우선 검은색을 선택해 보세요. 사람의 머리칼이나 눈동자를 칠할 때도 편리해요.

자연스러운 분위기를 연출할 수 있습니다. 음식이나 인테리어 등에 잘 어울려요.

부드럽거나 복슬복슬한 질감을 그릴 때 딱 맞아요.

세련된 인상을 더할 수 있습니다. 수첩이나 공책에도 사용하기 좋은 색입니다.

컬러풀

자연 친화적인 그림을 그릴 때 꼭 필요한 색. 자연물을 그릴 때 쓰면 더 멋져요.

달콤한 느낌으로 완성됩니다♪ 화장품 종류와도 궁합이 좋아요.

활력이 넘치는 비타민 색. 통통 튀는 맛을 줍니다.

어떤 그림도 판타지 분위기로 만드는 신기한 색깔입니다.

색을 조합해 칠해보자

색 조합에 정답은 없습니다. 즐겁고 자유롭게 색을 골라봅시다.
선의 색에 맞춰서 2색을 고르기만 해도 센스 있는 일러스트가 됩니다.

무채색에 나머지 1개를 포인트로 넣어요!

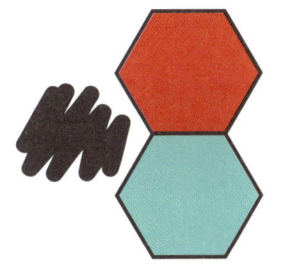

상반되는 2가지 색을 고르면 개성 넘치는 일러스트가 됩니다.

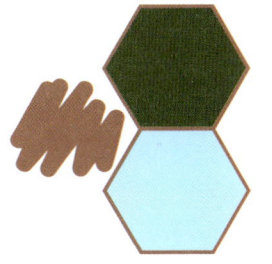

자연 친화적인 색이 모이면 편안한 느낌을 줘요.

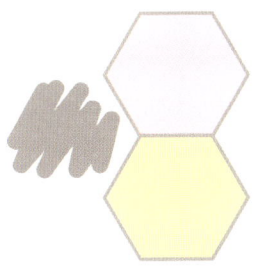

옅은 색은 초보자도 실패하지 않는 색이랍니다!

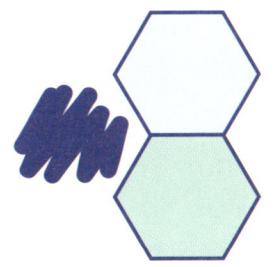

남색의 선에 셔벗 컬러를 조합하면 상큼함이 느껴지지요.

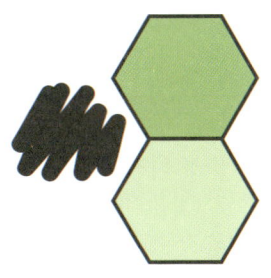

비슷한 색에 농도 차이만 주면 자연스러운 느낌이 생겨요.

선명한 색 조합은 넘치는 힘을 표현할 수 있습니다.

약간 차분한 색 2가지를 합치면 레트로한 분위기가 나요.

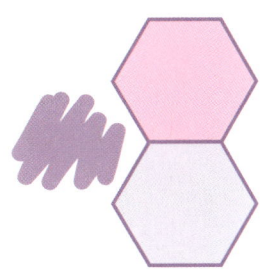

은은한 색을 고르면 부드러운 인상을 주지요.

펜 고르는 법

그리고 싶은 일러스트의 이미지에 맞춰 펜을 골라봅시다.
선의 색과 굵기를 체크해 보세요!

시험 삼아서 선의 굵기와 색을 체크

마음에 드는 펜을 찾으면, 공책 구석이나 종잇조각 등에 가볍게 선이나 낙서를 그려서 그려지는 느낌을 확인해 봅니다. 그리고 잉크 발색이 이미지에 맞는지, 선의 굵기는 문제가 없는지 등도 살펴봅시다. 일단 마음껏 그려보는 것이 중요해요♪

일단 손을 움직이면 멋진 일러스트 아이디어가 퐁퐁 솟아날 수 있습니다!

그리고 싶은 것에 맞춰 펜 고르기

펜 끝이 굵은 것

1가지 색이 주도적으로 쓰이는 간단한 그림은 굵은 펜으로 그리면 더 예쁘고 멋지게 완성됩니다. 초보자에게도 쉬워요.

펜 끝이 가는 것

가느다란 선이나 섬세한 글자, 무늬를 그리고 싶을 때 좋습니다. 작은 칸이 있는 수첩에도 좋아요.

바다생물

바다거북

럭비공 같은 형태를 그립니다.

앞다리는 길고 볼륨감 있게.

등껍질 무늬와 표정을 그려요.

오징어

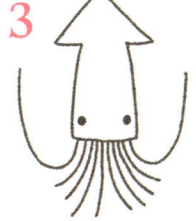

삼각형의 아랫변은 약간 비워둡니다.

약간 곡선 느낌이 있는 사각형을 붙여요!

다리를 10개 그려 넣습니다.

문어

원의 아랫부분을 약간 비워둡니다.

다리를 8개 그립니다. 다리 끝을 꼬아도 좋아요!

입은 ◎로 표현하면 귀엽습니다!

우무 문어

아랫부분은 파선으로 그려보세요!

햄스터

1

2

3

따라 그려봅시다

귀 끝을 살짝 동그랗게 만듭니다.

실루엣은 아래를 향해 볼록한 형태로 그려줍니다.

눈 주변에서부터 위쪽을 색칠합니다.

다람쥐

1

2

3

따라 그려봅시다

얼굴을 작게 그리면 균형감이 좋아집니다.

옆으로 향한 몸통, 꼬리를 그려요!

꼬리에는 세로 줄무늬를 넣습니다.

고슴도치

1

2

3
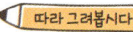
따라 그려봅시다

가로로 긴 점을 찍어 동그라미를 그립니다.

끝이 뾰족한 얼굴과 귀를 그려요.

표정을 넣어 귀엽게 만듭니다♪

작은 새

1

2

3
따라 그려봅시다

우선 작고 동그란 산을 그려요.

통통한 몸통, 다리를 그립니다.

날개, 긴 꼬리 깃털, 부리 등을 그려 넣습니다.

Part I 기본 일러스트

One Point

동물의 몸을 그릴 때는 전체적인 균형을 맞추는 게 좋습니다. 초보자는 '얼굴은 크고, 몸은 살짝 덧대는' 느낌으로 그리면 사랑스러운 인상을 줄 수 있어요! 익숙해지면 동물의 특징을 잘 보고 몸의 형태나 매력 포인트를 의식해서 그려봅시다.

따라 그려봅시다

곰

1
2
3

따라 그려봅시다

맨 처음에는 동그란 얼굴을 그립니다.

두툼한 몸통을 그려요.

코 주변에 'U' 모양을 그리세요.

페럿

1
2
3

따라 그려봅시다

가로로 긴 얼굴과 귀를 그립니다.

상반신, 두 손을 그립니다.

입 주변에 수염은 꼭 그려요!

돼지

1
2
3

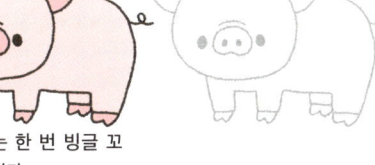

따라 그려봅시다

동그란 얼굴에 끝이 뾰족한 귀를 그립니다.

몸을 그릴 때는 다리는 짧고, 등은 둥그스름하게 하는 게 포인트입니다.

꼬리는 한 번 빙글 꼬아줍니다.

고양이

기본 형태의 고양이

귀와 코는 삼각형. 직선으로 좌우에 두 개씩 수염을 표현해 주세요♪

따라 그려봅시다

삼색 고양이

1

여기까지는 시바견과 똑같습니다.

2 동그란 얼굴을 그립니다.

3 귀 등에 마음에 드는 무늬를 그려 넣어요!

따라 그려봅시다

스코티시폴드

1

귀를 옆으로 처지게 이어줍니다.

2 얼굴은 살짝 아래로 볼록하게 합니다.

3 머리 꼭대기와 뺨에 줄무늬를 넣어요.

따라 그려보자

토끼

기본 형태의 토끼

부드러운 삼각형 얼굴에 선으로 코와 입을, 기다란 동그라미로 귀를 표현해 주세요.

따라 그려봅시다

네덜란드

귀는 조금 안쪽으로, 얼굴은 중심보다 좀 아래로 그려주세요.

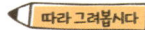 따라 그려봅시다

홀랜드롭

처진 귀는 볼륨을 넣어 그립니다.

따라 그려봅시다

Part 1 기본 일러스트

생 물

귀여운 생물들은 모두에게 사랑받는 모티브지요.
특징만 잘 잡으면 간단한 형태로도 그릴 수 있어요.

동 물

기본 형태의 개

동그란 얼굴과 삼각형 코, 타원형 귀를 더하면 쉽게 개가 완성됩니다!

\○△로/ 따라 그려봅시다

시바견

따라 그려봅시다

1. 뾰족한 산을 두 개 나란히 그리고, 그 사이를 볼록하게 이어요.

2. 귀 아래로 둥그스름한 선을 그리고, 작은 동그라미로 눈썹을 그립니다.

3. 얼굴 가운데에 눈, 코, 입을 그리면 완성!

토이 푸들

따라 그려봅시다

1. 보글보글한 선으로 얼굴 형태 윤곽을 그립니다.

2. 좌우로 귀를 그려 넣습니다.

3. 눈동자를 올망졸망하게 그리면 귀여워요.

목걸이를 그려 넣어도 귀여워요!

여러 가지 색칠법

색칠하는 방식에 따라 일러스트 분위기가 달라집니다.
여러 방법을 시험해서 조금씩 익숙해지도록 해봐요.

전체 색칠하기

빈틈없이 꼼꼼히 칠하는 방식입니다. 두꺼운 펜이 색칠하기 편해요.

점으로 색칠하기

면이 넓은 물체를 그릴 때 어울립니다. 펜을 종이에 수직으로 세워서 사용합니다.

선으로 색칠하기

질감을 드러내고 싶을 때 좋습니다. 빙글빙글 선 등으로 칠해도 멋져요.

빈틈 만들기

빛이 닿는 부분은 칠하지 않고 놔두면 입체감이 생깁니다.

백지 부분 살리기

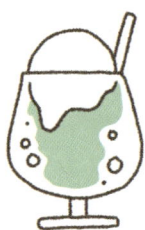

흰 부분은 칠하지 않고 완성해도 됩니다. 포인트 색이 도드라져 보여요.

One Point
종이와 펜의 궁합 체크

코팅된 종이에 잉크가 배지 않거나 얇은 종이에 잉크가 확 스며드는 등, 종이와 펜의 궁합이 좋지 않으면 일러스트의 완성도가 떨어집니다. 반드시 테스트를 거쳐서 상태를 확인해 보세요.

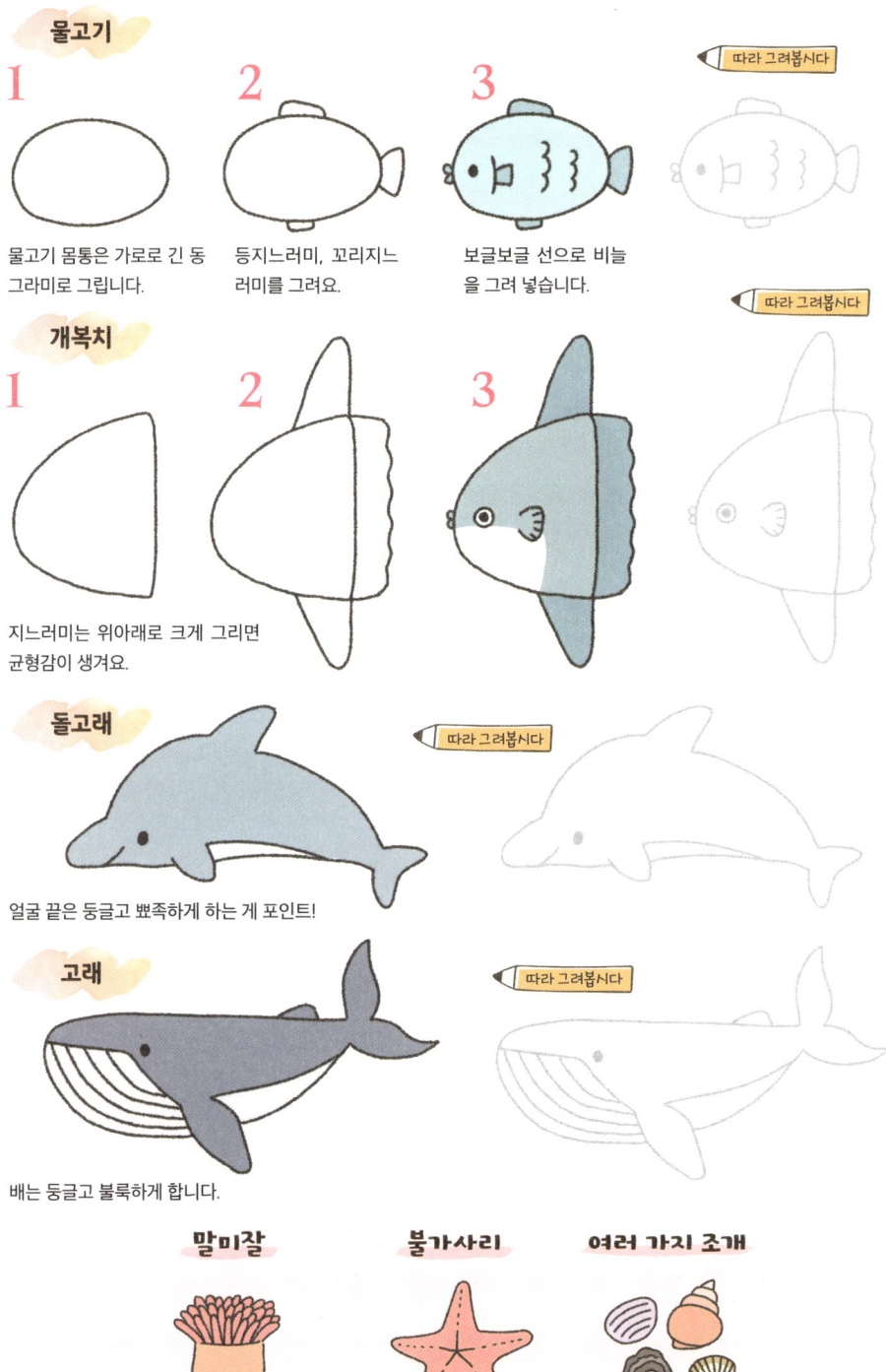

Illust Lesson 2

자 연

식물, 채소, 과일 등 자연에서 만날 수 있는 소재들은 무늬를 그릴 때에도 응용하기 좋아요. 형태나 색을 잘 살피고 그려봅시다!

기본 형태의 꽃

각이 둥그스름한 ☆로 꽃잎을 표현. 중심에 동그라미나 점을 넣으면 심플한 꽃이 됩니다!

\☆*○로/
따라 그려봅시다

벚꽃

1

꽃잎 끝을 살짝 잘라낸다는 느낌으로!

2

순서대로 똑같은 모양의 꽃잎을 그립니다.

장미

1

한복 저고리 옷깃처럼 중심 부분을 그립니다.

2

바깥을 향해 꽃잎을 그립니다.

3

가운데에 꽃술을 그려요.

따라 그려봅시다

3

마지막에 잎과 줄기를 그려요.

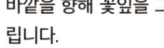
따라 그려봅시다

백합

꽃은 살짝 아래를 보게 하고, 잎은 위쪽을 향하게 그려요!

따라 그려봅시다

해바라기

꽃술은 체크무늬로 그립니다.

따라 그려봅시다

잎

기본 형태의 잎
세로로 기다란 ♡는 잎 모양에 잘 어울려요. 선으로 잎맥을 그려 넣습니다.

\♡로/
따라 그려봅시다

너도밤나무
좌우 대칭으로 줄기를 그리면 더욱 사실적이에요!

단풍
먼저 잎맥을 그리고 잎 모양을 그려도 좋아요!

호랑가시나무
자잘하게 뾰족뾰족하게 그리는 게 포인트.

은행
각진 하트 같은 형태입니다.

Part 1 기본 일러스트

나무

기본 형태의 나무
나무줄기는 사각형, 잎 부분은 동그라미나 삼각형을 응용해서 그려요.

\○△□로/
따라 그려봅시다

따라 그려봅시다

1
뾰족한 산 아래에 여러 개의 점을 찍어줍니다.

2
산과 점을 반복해서 그려요.

3
마지막으로 나무줄기를 그리면 완성입니다!

/산에서 나는 것들\

도토리

따라 그려봅시다

버섯

따라 그려봅시다

23

채소

토마토

1
별 모양 꼭지를 그립니다.

2
동그란 열매를 그려요.

3
윤기를 넣으면 더욱 사실적이랍니다.

가지

앞머리 같은 꼭지가 귀엽습니다!

파프리카

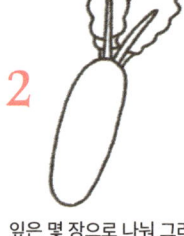
꼭지를 길게, 살짝 구부려서!

무

1
열매를 세로로 긴 원으로 그립니다.

2
잎은 몇 장으로 나눠 그리면 더 사실적이에요.

3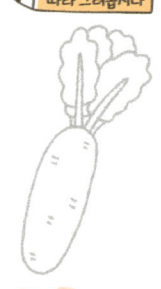
껍질 질감을 넣어보세요.

당근

무보다 열매도, 잎도 짧게 합니다.

양파

감자

옥수수

표정 넣기

과일

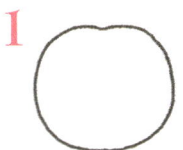 사과

1
꼭대기를 살짝 들어가게 한 원을 그립니다.

2
살짝 폭 들어간 곳에 꼭지를 달아요.

3
윤기도 넣고 해서 맛있게 그려요♪

 배
오른쪽 아래에 점을 찍어요.

 체리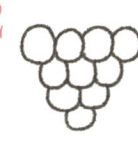

두 개의 작은 열매는 똑같은 크기로 합니다.

 바나나

1
작은 사각형 아래는 살짝 비워둡니다.

2
비스듬하게 길고 완만한 선으로 이어줍니다.

3
선을 넣으면 완성!

 포도

1
동그라미를 옆으로 포갭니다.

2
아래로도 동그라미를 더 그려요.

3
마지막으로 꼭대기에 동그라미 몇 개와 꼭지를 그립니다.

과일의 단면

Part 1 기본 일러스트

인물

가족, 친구, 직장 사람 등 주변에 있는 사람을 그리는 것도 재미있어요!
성별과 나이에 따라 그리는 요령을 알려드립니다!

얼굴

기본 형태의 얼굴

얼굴 윤곽의 기본은 원!
다른 부위는 완만한 선으로
조합해 주면 됩니다.

\ ○△로 /
따라 그려봅시다

아기

\ 따라 그려봅시다 /

1

2

3

1. 양파 같은 모양으로 얼굴을 그립니다.
2. 앞머리와 귀를 그려요.
3. 얼굴 가운데에서 살짝 아래에 입을 그립니다.

여성

\ 따라 그려봅시다 /

1

2

3

1. 둥그스름한 윤곽이 좋아요.
2. 좋아하는 머리 형태를 그립니다.
3. 눈에 속눈썹을 그려 또렷하게 만듭니다.

얼굴을 동그란 공이라
생각하고 그려보세요.

\ 어린이 /

성인의 얼굴은 가운데
보다 조금 위쪽에 눈을
그려요.

\ 어른 /
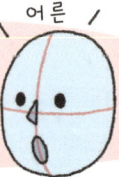

남성

1
살짝 각진 윤곽이 좋아요.

2
좋아하는 머리 모양을 그립니다.

3
눈썹을 또렷하게 그려 넣어요.

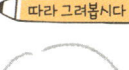 따라 그려봅시다

할머니

1
가로로 둥그스름한 윤곽이 귀엽습니다!

2
보글보글한 선으로 머리 모양을 그립니다.

3
눈가와 이마에 작은 주름을 넣어줘요.

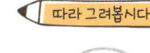 따라 그려봅시다

할아버지

1
할머니보다 조금 세로로 길쭉한 윤곽으로 합니다.

2
가르마를 확실히 드러내면 더욱 할아버지 느낌이 납니다.

3
눈썹은 삼각형으로 두껍게. 입가에 주름도 넣어요.

따라 그려봅시다

Part I 기본 일러스트

One Point

눈, 코, 귀는 일직선으로

얼굴의 중심에 코, 그 옆에 눈과 귀, 코 아래에 입…… 이렇게 그리면 균형 있게 그릴 수 있답니다.

머리카락

긴 생머리
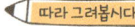따라 그려봅시다

머리 끝부분에 곧은 선을 넣어주면 찰랑거리는 느낌이 생겨요!

살랑거리는 웨이브
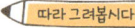따라 그려봅시다

앞머리와 귀에서 내려오는 머리는 둥글둥글한 선으로 그립니다.

발랄한 쇼트 커트
따라 그려봅시다

지그재그 선을 머리 꼭대기부터 불규칙적으로 그려요.

센스 있는 울프 커트
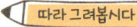따라 그려봅시다

목덜미에 내려온 머리칼은 좌우로 길게 뻗도록 그려줍니다.

귀여운 보브 커트
따라 그려봅시다

머리끝까지 둥글둥글한 모양새를 의식합니다.

헤어 응용 방법

포니테일

사이드의 머리는 날카롭고 뾰족하게 그리는 게 좋아요♪

트윈테일

앞머리와 사이드의 머리는 일자로 싹둑 자른 헤어스타일이 어울려요.

뾰족뾰족 쇼트 커트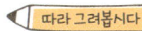

앞머리를 올리면 최신 머리형으로 보여요!

빡빡머리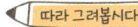

무작위로 점을 찍어 넣어 머리 질감을 만듭니다.

가운데 가르마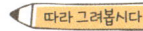

정수리와 앞머리 가르마를 가지런히 맞춰주면 자연스러워요.

뽀글뽀글 긴 머리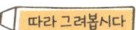

자잘한 파선을 겹쳐 느낌 있게♪

미디엄 파마

완만한 파선을 넣어 봉긋한 느낌을 연출!

One Point
연습은 거울을 보면서

인물의 머리 형태를 연습할 때 우선 거울에 비친 자신을 그려봅시다. 컨디션(부스스, 미용실에서 막 돌아왔을 때, 앞머리를 너무 짧게 잘랐다!) 등에 따라 구분해서 그리면 더욱 좋은 연습이 된답니다!

Part 1 기본 일러스트

표정

기쁨

1
반원으로 얼굴과 귀를 그립니다.

2
머리 모양을 그리고……

3
뺨에 선을 넣어줍니다.

→ 따라 그려봅시다

즐거움

→ 따라 그려봅시다

입가를 한껏 올려서 즐겁게!

씨익
→ 따라 그려봅시다

눈은 반짝반짝하게. 입 안에 이를 그려요.

두근두근

1
귀는 그리지 않아도 됩니다.

2
머리 모양은 자유롭게 정하세요.

3
눈썹은 아래로 처지게. 입은 옆으로 쭉 늘려요.

→ 따라 그려봅시다

콩닥♡
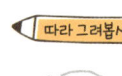

→ 따라 그려봅시다

눈은 하트로♪ 주변에도 하트를 그립니다.

One Point

눈과 눈썹만으로 표정이 전해진다

사람의 표정을 구분해 그릴 때는 눈과 눈썹 각도가 중요해요! '눈+눈썹'으로 희로애락을 표현해 봅시다.

눈의 형태는 동그랗게, 눈썹은 조금 아래로 처지게 하면 부드러운 표정이 됩니다.

눈·눈썹의 패턴은 마스크를 쓴 얼굴로 연습하면 좋습니다.

 분노

1

2

3

입은 크게 벌려서 생동감이 느껴지게 합니다.

 깜짝

흰자를 크게 하면 표정이 풍부해져요!

 울먹울먹

눈을 크게, 그리고 눈동자에 무늬를 넣어요.

 오열

흐르는 눈물을 양쪽 눈 아래로 그려주세요.

 슬픔

1

2

3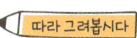

한쪽 눈에서 눈물방울이 나오게 해요.

Part I 기본 일러스트

치켜세운 눈썹이 포인트. 배경으로 불길을

눈과 눈썹 사이를 넓히고 눈을 가늘게

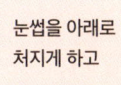

아래로 처진 눈썹. 눈은 꽃 모양으로

눈썹을 아래로 처지게 하고

몸 전 체

기본 형태의 몸

도형을 조합해서 각 부위의 밑그림을 그린 다음에 살을 붙입니다. 얼굴:몸 = 1:1 정도의 비율이 좋아요!

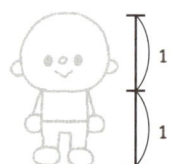 따라 그려봅시다

걷기

1. 옆얼굴을 그립니다. 코는 작은 동그라미로.
2. 양손은 다른 방향으로 뻗게 합니다.
3. 앞으로 내미는 다리는 손과 좌우 반대로 합니다.

달린다

   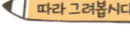 

1. 머리칼을 뒤로 휘날리게 합니다.
2. 양손이 옆으로 일직선으로 뻗는 것처럼 그립니다.
3. 다리는 활짝 벌려요.

앉는다

1. 전면 얼굴을 그립니다.
2. 두 손의 끝은 모으도록 합니다.
3. 무릎에서 아래, 그리고 의자를 그려 넣어요!

 **뛴다**

눈을 꽉 감으면서 미소를 짓게 해요.

기운 넘치게 한쪽 손을 번쩍 치켜들게 합니다.

아래에 검은 동그라미로 그림자를 그립니다.

 **눕는다**

눈을 감고 꿈꾸는 듯한 표정을♪

두 손은 머리 아래를 받치게 합니다.

다리는 조금 편하게 벌립니다.

One Point — 상반신만 그리는 일러스트는 연습에 제격

갑자기 전신을 그리는 것이 어렵다면, 우선 상반신을 그려보세요. 인물을 그리는 것부터 익숙해져 보는 거예요. 얼굴에 손을 가져다 대기만 해도 움직임이 살아나요.

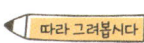 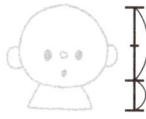

상반신은 사다리꼴로 표현해 봅시다.
얼굴:몸통 = 2:1의 비율이 알맞은 균형입니다!

얼굴+손　　**아이템 추가하기**　　**포즈**

얼굴 옆이나 아래에 손을 그리면 움직임이 생겨요.

아이템을 하나 넣기만 해도 풍부한 느낌의 일러스트로 변신.

돌아보는 포즈는 살짝 옆을 향한 얼굴로.

Part 1 기본 일러스트

Illust Lesson 4

패션

다양한 의상과 액세서리를 골라서 사랑스럽게 꾸며보세요.
길거리에서 본 멋진 사람의 옷차림을 그려도 좋습니다.

의상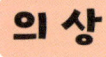

상의

기본 형태의 상의
몸통은 사각형, 소매는 삼각형, 옷깃은 반원으로 그립니다.

○△□로 따라 그려봅시다

베스트

1
옷깃은 'V'자를 의식해서 비워둡니다.

2
태그를 슬쩍 보이게 하면 사실적인 느낌이 살아요!

후드

1
목 주변에 볼륨을 넣습니다.

2
몸통은 툭 떨어지는 듯한 실루엣을 의식합니다.

3
옷단이나 소매 부분에 선을 넣어 뜨개코처럼 보이게 합니다.

따라 그려봅시다

3
끈과 주머니로 장식하세요.

따라 그려봅시다

셔츠

따라 그려봅시다

심플한 옷깃과 작은 단추가 특징적입니다.

스웨터

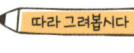
따라 그려봅시다

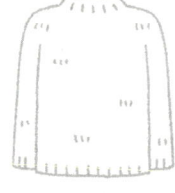

무작위로 콕콕 점을 찍어 털 느낌을 넣습니다.

하의

기본 형태의 하의
사각형을 응용해 바지나 스커트를 마음껏 그릴 수 있습니다.

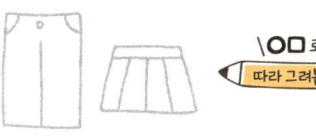
\ㅇㅁ로/
따라 그려봅시다

프릴 스커트

파선을 겹칠수록 볼륨 있는 실루엣이 생겨요.

플리츠 스커트

같은 간격으로 세로 선을 넣어요.

데님

단추와 점선으로 스티치를 넣어요.

카고 팬츠

둥근 바짓단과 큰 주머니를 좌우로 넣어요.

원피스

기본 형태의 원피스
완만한 사다리꼴에 작은 직사각형 끈도, 주머니도 더해 보세요!

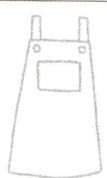
\ㅇㅁ로/
따라 그려봅시다

행사 참석용 원피스

1

목 부분의 반원을 먼저 그립니다.

2

상반신, 하반신을 나누면 그리기 쉬워요!

3

소매도 플레어를 의식하며 가볍게.

따라 그려봅시다

오버롤

바지 옆의 윗부분이 깊게 파이면 더 캐주얼해 보입니다♪

따라 그려봅시다

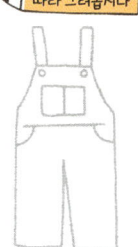

\슈트/

재킷

스커트 & 바지

Part I 기본 일러스트

소품·액세서리·신발

버킷햇

원으로 윗부분을 그린 다음, 아랫부분을 그려나갑니다.

캡

비스듬한 방향이면 모자 챙을 그리기 쉬워요!

배낭

등에 멘 상태로 그립니다.

안경

렌즈 형태는 자유롭게 응용해 보세요.

목걸이

완만한 선으로 세로로 긴 동그라미를 그립니다.

반지
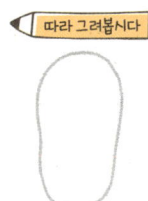
작은 보석이 어른스럽고 귀여워요♪

운동화

위에서 본 냉글이 좋습니다.

부츠

신발을 신는 입구에 복슬복슬한 털을 그려도 귀엽답니다!

화장품

립스틱

1
세로로 긴 사각형을 그립니다.

2
돌려 늘리는 부분~립스틱 부분을 그려 넣습니다.

3
립스틱 끝은 둥글게 그립니다.

따라 그려봅시다

콤팩트

1
우선 동그란 원을 하나 그립니다.

2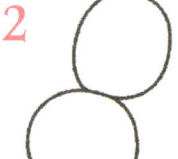
비스듬하게 동그라미 하나를 더 그립니다.

3
조금 작은 원과 비스듬한 사선을 넣습니다.

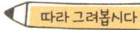
따라 그려봅시다

매니큐어

따라 그려봅시다

솔에서 물방울이 떨어지게 하면 귀여워요!

향수

따라 그려봅시다

점을 찍어 향수가 푸슛 하고 나오는 것처럼♪

뷰러

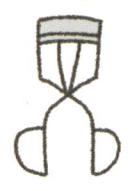
따라 그려봅시다

좌우 대칭을 의식하면 균형 있게 그릴 수 있어요.

Part I 기본 일러스트

Illust Lesson 5

아이템

일상생활 속의 아이템은 그리면서도 마음이 편해져요♪
어떤 색을 고르느냐에 따라 분위기가 달라져요.

문구류

연필

1 — 세로로 긴 사각형을 그립니다.

2 — 끝은 삼각형을 겹치는 느낌으로.

3 — 좋아하는 무늬를 넣어 보세요.

따라 그려봅시다

공책

1 — 두 마리의 갈매기 같은 선을 그립니다.

2 — 세로 선을 세 개 그려서 이어줍니다.

3 — 줄무늬와 뒷장 묘사를 추가합니다!

따라 그려봅시다

볼펜

볼펜 심 누르는 부분이나 그립을 그리기만 해도 펜처럼 보여요.

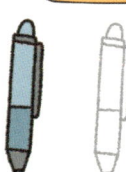

따라 그려봅시다

자

연필보다 긴 사각형에 눈금을 그립니다.

따라 그려봅시다

가위

'q'와 'p'와 같은 형태를 합쳐요!

따라 그려봅시다

마카

펜 끝은 비스듬하게. 뚜껑 선도 포인트가 된답니다.

따라 그려봅시다

메모장

스프링 부분부터 그리면 깔끔하게 완성할 수 있어요.

따라 그려봅시다

따라 그려봅시다

업무도구

컴퓨터

1
가로로 긴 사각형을 그립니다.

2
평행사변형을 추가로 그려요.

3
키보드 등을 그려 넣어요.

 따라 그려봅시다

태블릿

심플한 디자인이 좋아요.

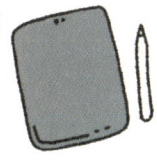 따라 그려봅시다

스마트폰

전파가 터지는 느낌의 선을 추가해도 좋아요♪

 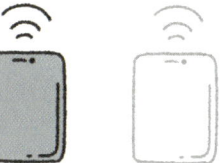 따라 그려봅시다

전화

1
수화기 부분을 그립니다.

2
조금 떨어진 곳에 본체를 그려요.

3
빙글빙글한 선으로 잇고, 버튼을 그려 넣습니다.
따라 그려봅시다

손목시계

벨트의 잠금 부분을 또렷하게 그리면 사실적이어서 더 멋져요!

  따라 그려봅시다

가방

업무용 가방은 큼지막하고, 손잡이는 길게 하는 게 좋아요.

  따라 그려봅시다

업무 메모로 쓸 수 있는 미니 일러스트

메일

전화 연락 등
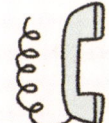

금액 정산

시간

Part I 기본 일러스트

주방용품·식기

프라이팬
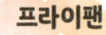

좋아하는 식재료를 그려 넣어도 좋아요♪

소금·후추
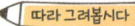

스티커를 그려 색으로 구분해 보세요.

냄비
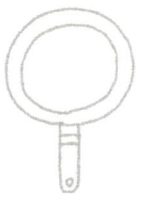

뚜껑과 손잡이는 작은 원으로 그립니다.

주방 장갑

비스듬한 격자무늬를 넣어 퀼트 재질을 살려요.

집게

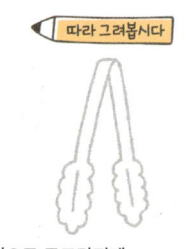

집는 부분만 보글보글한 선으로 도드라지게.

포트

아래로 불룩한 모양으로 귀여움을 연출합니다.

스푼과 포크

접시 좌우에 스푼과 포크를 그려요!

덮밥 그릇

뚜껑은 조금 안쪽에 들어가게끔 그립니다.

글라스

다리는 글라스의 절반 정도의 길이가 균형이 있어 보입니다.

런치 매트

가로로 긴 사각형 가장자리에 선을 그려요!

가드닝·아웃도어용품

화분

식물은 화분에서 튀어나오게 그리면 귀엽습니다.

식물 씨앗이나 구근에는 여러 형태가 있어요. 화분 주변에 그려도 귀엽답니다.

목장갑

엄지손가락 이외의 네 개의 손가락은 같은 길이로 그립니다.

삽 & 모종삽

끝은 삼각형을 베이스로 그립니다.

물뿌리개

물통의 각을 둥그스름하게 만든 네모 모양으로 그립니다.

텐트

삼각형 밑변은 똑바로. 좌우의 변은 조금 안쪽으로 들어가게 합니다.

랜턴

불빛이 나오는 효과선을 넣어요.

라디오

사각형과 동그라미 조합으로 그립니다.

의자

다리를 교차시켜 아웃도어 느낌으로♪

BBQ 세트
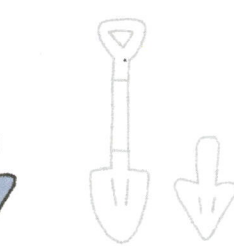
망 위에 좋아하는 식재료를 그려도 좋아요!

Part 1 기본일러스트

생활 아이템

소파

1
2
3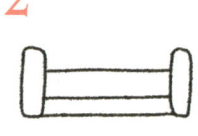

맨 처음에 팔걸이부터 그립니다.

직선으로 잇습니다.

등받이와 의자 다리를 그려요!

침대

1
2

맨 처음에 침대의 헤드 보드를 그립니다.

베개와 매트리스를 그린 다음에…….

책상

다리 네 개는 같은 굵기로 그립니다.

3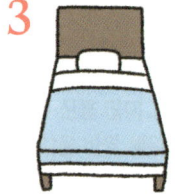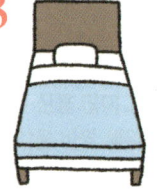
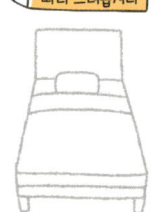

세부적인 부분을 더해서 완성합니다.

편안한 의자

각을 둥그스름하게 그려 완만한 모양새로 합니다!

업무 의자

원격 업무용 의자는 다리 끝에 바퀴를 그려요.

책과 잡지

일부러 두께를 제각각으로 하면 더 귀엽습니다♪

스탠드 라이트

색이나 무늬로 폭넓게 응용할 수 있어요♪

액자

인물이나 좋아하는 그림 등을 그려 넣어도 돼요!

카메라

둥근 렌즈는 비스듬한 선으로 빛을 넣습니다.

옷걸이

각이 둥근 삼각형이 베이스입니다.

슬리퍼

반원을 합쳐 그립니다.

쿠션

귀퉁이에 선을 넣어 질감을 표현합니다.

샴푸

좌우 어느 한쪽에 눈금을 그려요.

배스 밤

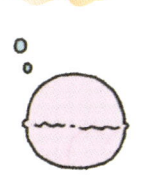

컬러풀하게 색을 넣으면 귀여워요!

인형

동물 일러스트에 솜기를 더하기만 해도 완성!

Part I 기본 일러스트

Illust Lesson 6

음식 & 음료

보고 있기만 해도 배가 고파져요! 맛있는 요리와 음료 일러스트는 일기를 쓸 때나 나만의 레시피를 적을 때 안성맞춤이에요♪

요리

주먹밥

1. 각이 둥그스름한 삼각형입니다.
2. 김을 사각형 모양으로 그리고…….
3. 접시에 얹어봅니다♪

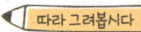
따라 그려봅시다

공깃밥

1. 밥그릇은 반원으로 그립니다.
2. 그릇 바닥을 그려 넣어요.
3. 보글보글 선으로 밥을 가득.

따라 그려봅시다

카레

1. 맨 처음에 카레 루를 그립니다.
2. 옆에 밥을 그려요.
3. 접시에 얹어 완성!

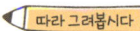
따라 그려봅시다

오므라이스

1. 약간 비스듬하게 가로로 긴 동그라미를 그립니다.
2. 다음으로 원으로 접시를 그려요.
3. 마지막으로 소스를 듬뿍 얹어요.

따라 그려봅시다
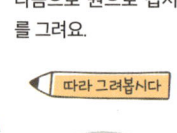

재료는 채소의 느낌을 살려 비타민 컬러로 칠하면 귀여워요♪

튀김 덮밥

덮밥 그릇에 여러 재료를 얹어봅시다.

라멘

1 가로로 긴 원으로 베이스를 그립니다.

2 큰 그릇을 마저 그리고…….

3 재료를 가득 그려 넣습니다.

전골

재료부터 그리고, 그걸 둘러싸듯 냄비를 그려요.

소바

3~4줄 정도의 선을 겹쳐 면을 그립니다.

피자

1 가장자리를 가늘게 그립니다.

2 끝을 뾰족하게 합니다.

3 좋아하는 재료를 토핑!

토스트

그을린 자국을 넣으면 바삭하게 익어 맛있어 보여요♪

\ 점심 도시락 /

샌드위치

흰밥 · 연어구이 도시락

볶음밥 · 닭튀김 도시락

병에 담긴 수프 도시락

Part 1 기본 일러스트

과자

케이크

1
두 줄의 완만한 평행선을 그립니다.

2
크림 데코레이션을 그리고…….

3
좋아하는 과일을 얹어 완성!

조각 케이크

1
맨 처음에 딸기를 그립니다.

2
크림 → 삼각형 스펀지를 그립니다.

타르트

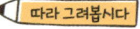

맨 처음에 생지를 그리고, 위에 과일을 그려 넣습니다.

3
단면에 좋아하는 과일을 그려요.

머핀

윗부분은 컵에서 튀어나올 정도의 볼륨으로 그립니다.

롤 케이크

1
복숭아 같은 모양을 그립니다.

2
1을 안쪽으로 두껍게 만듭니다.

3
두께를 넣어 완성♪

파르페

1. 세로로 긴 파르페 잔을 그립니다.
2. 꼭대기에 체리나 과일을 그려 넣고…….
3. 그 사이에 아이스크림이나 과자를 추가합니다.

◀ 따라 그려봅시다

팬케이크

1. 먼저 맨 위에 얹힌 버터를 그립니다.
2. 생지를 위에서 아래로 추가하며 그립니다.
3. 마지막으로 벌꿀을 얹으면 맛있어요♪

◀ 따라 그려봅시다

푸딩

좋아하는 접시에 얹어보세요.

◀ 따라 그려봅시다

슈크림

윗부분을 보글보글한 선으로 그려요.

◀ 따라 그려봅시다

여러 가지 간식

- 과자 봉지
- 쿠키
- 사탕
- 붕어빵
- 꼬치 당고
- 전통 과자

동그라미의 색을 바꾸기만 해도 다양한 맛을 표현할 수 있답니다!

Part I 기본 일러스트

음료

따뜻한 커피

1
가로로 긴 작은 원을 그립니다.

2
컵의 몸통과 손잡이를 그려요.

3
아래로 소서를 추가합니다.

 따라 그려봅시다

홍차

레몬을 띄우면 더 멋져요!

아이스 커피

얼음은 위쪽에 많이 띄워요.

테이크 아웃

뚜껑을 크게 그리면 균형감이 생겨요!

멜론 소다

둥근 모양의 잔이 잘 어울립니다♪

병 음료

입구는 조금 톡 튀어나오게 하는 게 포인트.

캔주스

캔의 쏙 들어간 부분에 선을 넣어 입체감을 살려요!

생맥주

1
보글보글한 선으로 거품을 그립니다.

2
맥주잔은 세로로 긴 사각형으로 그려요.

3
거품 방울을 그리면 더욱 사실적으로 보여요!

 따라 그려봅시다

일본주
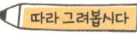 따라 그려봅시다

옆에 뒷박을 그리면 더욱 분위기가 나요.

와인
 따라 그려봅시다

잔에 부은 와인은 화이트 와인일 때 옅은 녹색, 레드 와인이면 자홍색이 좋아요.

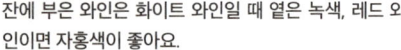

48

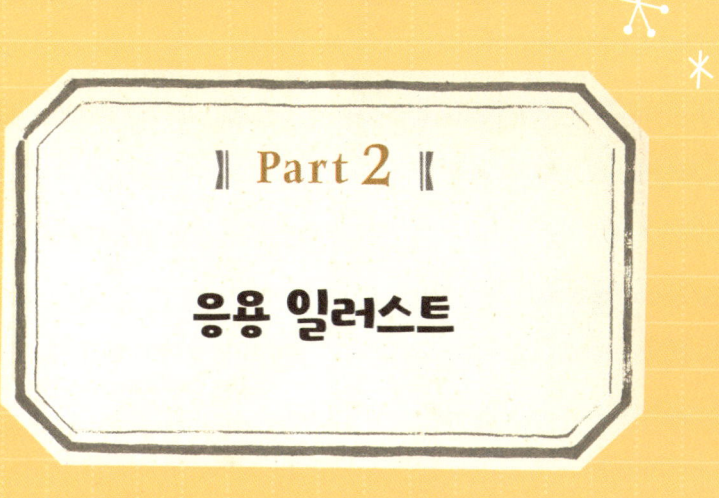

기본 일러스트
응용하기

동물, 인물, 아이템, 음식 & 음료를 조합한다면
일상 풍경이나 외출했을 때의 모습을 마음껏 그릴 수 있어요!

> 공책 표지를 마음에 드는 꽃으로 장식하면 공부 의욕도 쑥쑥 ♪

플라스틱 표지에는 유성펜으로 그려요. 사용하는 색을 3색 이내로 좁히면 적당하게 돋보이는 느낌을 줍니다!

> 메모용 작은 수첩에 컬러풀한 물감이나 즐거워하는 자기 모습을 그려봅시다.

다른 용지에 일러스트 이미지를 대강 그려 연습해 본 다음 표지에 그려요.

도화지를 작게 잘라 그림을 그린 다음 구멍을 뚫어 끈을 끼워봐도 좋아요.

선물용 주머니에 다는 태그에 보내는 사람이나 귀여운 동물을 그려요 ♪ 축하하는 모습을 일러스트로 재현!

클리어 타입 필통이라면, 뚜껑 뒤에 밑그림을 그린 용지를 붙이고 그걸 따라 그리면 실패하지 않아요!

심플한 디자인의 필통은 활용도 자유자재! 귀여운 과일이나 동물로 장식해 좋답니다.

Illust Idea 1 — 일상

아침에 일어나서 집에 돌아간 후까지 여러 장면을
일러스트로 그리면 새로운 발견이 있을지도 몰라요 ♪

아침 활동

아침 식사

따듯한 수프와 프렌치토스트로 아침 식사를!

추천 소재

신문 / 수첩 / 요구르트

독서

산책

모자를 쓰고 길을 걷는 사람의 배경으로 가로수를 그립니다.

흔들의자에 앉은 사람은 바로 옆 앵글이 그리기 쉬워요.

반려동물 돌보기

한가운데에는 밥이 담긴 그릇을. 좌우로는 사람과 동물을 그립니다.

추천 소재

개집 / 장난감

육아

유아차로 외출

유아차를 제일 먼저 그려요. 아기→엄마의 순서로 그립니다.

함께 식사

턱받이에 아기용 식기를 쥔 아기 옆에 아빠를 그려요.

\ 추천 소재 /

딸랑이 **배냇저고리** **우유병**

업무

통근 전철

전철의 차창을 보는 느낌으로, 손잡이를 잡은 사람들을 나란히 그려요.

회의

회의실에서 논의하는 장면에서는 손에 노트북이나 태블릿, 필기구를 같이 그려요.

컴퓨터 작업

노트북은 사각형을 응용하면 쉽게 그릴 수 있어요!

전화 응대

오른손에는 펜, 왼손에는 수화기를 들게 하는 게 자연스럽습니다.

Part 2 응용 일러스트

Illust Idea 2 — 외출

외출한 곳에서 만든 추억을 일기 느낌으로 그려두면,
되돌아보기만 해도 즐거워요!

아웃도어

캠프

따라 그려봅시다

1
머리에 니트 모자를 쓰게 합니다.

2
의자에 앉은 포즈를 그립니다.

3
모닥불, 텐트를 그려 완성합니다.

사이클링

1
옆을 보는 상반신과 약간 앞으로 기운 자세를 그려요.

2
한쪽 다리는 뻗고 자전거 페달과 본체 부분을 그립니다.

등산

배경으로 높은 산을. 사람 주변에는 산속 동물을 넣습니다.

3
자전거 바퀴와 배경을 넣어 완성.

따라 그려봅시다

낚시

사람 위에 완만한 곡선으로 낚싯대를 그리고, 낚싯줄을 쭉 늘입니다.

테마파크

유원지

성 같은 건물을 배경으로 어트랙션을 그립니다.

세트로 된 복장

세트로 된 소품이나 포셰트 등의 디자인을 맞추기만 해도 통일감이 생겨요!

제트 코스터

바람에 머리칼이 흩날리게 하면 속도감이 생깁니다.

관람차

원을 조합해서 그립니다.

회전목마

따라 그려봅시다

백마의 머리 부분을 먼저 그린 다음 사람을 대강 배치해 그려주세요. 마지막으로 군데군데 세밀한 부분을 이어 그려줍니다.

실내 여가시설

영화관

정면 앵글이 좋습니다. 얼굴에 땀방울을 그리고 진지한 표정을 짓게 해보세요.

추천 소재

영화 필름 / 팝콘 / 음료

추천 소재

회화 / 조각 / 장식품

미술관

베레모를 씌우면 제법 미술관 분위기가 나지요.

수족관

커다란 수조를 보는 사람들의 모습을 떠올려 보세요!

추천 소재

해파리 / 정원 장어 / 해조류

음악이벤트

페스티벌

무대를 향해 손을 번쩍 들고 환성을 지르는 표정으로.

↘추천 소재↙

일렉트릭 기타   드럼 세트

응원 타월

손목 밴드

Part 2 이야기 있는 일러스트

↘추천 소재↙
아이돌 복장

콘서트

가수가 공연하는 모습을 머릿속으로 떠올리며 그립니다.

팬 이벤트

부채에는 팬의 마음을 전하는 글을 쓰면 쓰면 자연스러워요!

↘추천 소재↙

쌍안경   펜 라이트

여행

비행기 여행

1
2
3

따라 그려봅시다

오른손은 허리 높이까지 올립니다.
오른손에 여행용 가방을 들게 하고, 하반신을 그립니다.
배경으로 비행기, 목적지가 표시된 말풍선과 비행기를 그려요!

비행기

따라 그려봅시다

여행용 가방

따라 그려봅시다

앞은 뾰족하게. 둥그스름한 모양새가 귀엽습니다!
케이스 부분에 세로줄을 넣으면 느낌이 더 살아요.

기차 여행

1
2
3

따라 그려봅시다

가이드북→손→상반신 순서로 그립니다.
하반신, 왼손에 여행 가방을 들게 합니다.
커다란 기차를 그려 배경을 채워줍니다.

기차

따라 그려봅시다

여행 가방

따라 그려봅시다

운전석 창문은 가로로 길게. 색은 실제 기차 색을 참고해서 그려보세요.
좌우를 둥글고 볼록하게 만들면 짐이 들어 있는 느낌을 줍니다.

자동차 여행

앞 유리와 사람을 그립니다.

좌우 대칭을 의식해서 차체를 그려요.

타이어와 미러 등 세세한 부분을 그려서 완성합니다!

배 여행

손을 흔드는 사람의 상반신을 그립니다.

배의 갑판 끝부분을 그립니다. 사다리꼴을 거꾸로 놓은 형태예요.

배경으로 선실을 그려 넣습니다.

기념사진

앞줄의 사람부터 그립니다.

두 번째 줄을 균형 있게 그려 넣습니다.

배경을 그리고, 직사각형으로 테두리를 그려요.

Illust Idea 3 — 동물 캐릭터

동물을 캐릭터풍으로 디포르메화 해서 그리면 더 귀여워져요♪
사람과 같은 움직임을 취하게 해도 분위기가 즐거워집니다.

동물 + 사람

사람의 시선은 아래, 고양이의 시선은 위를 의식하세요.

줄을 쥔 손 방향으로 개를 걷게 하면 그리기 쉬워요.

원반을 먼저 그리고, 균형 있게 개와 사람을 그립니다.

사람과 작은 새의 시선을 맞춥니다.

햄스터는 손발을 생략하고 동그란 모양새로 그려도 귀여워요!

커다란 연필을 기울인 방향으로 작은 동물을 그려요.

중국 의상에는 팬더가 제격♪

취미 시간에는 동물과 즐기는 장면을 상상해 보세요!

마음에 드는 옷차림으로 동물과 외출♪

동물＋동물

개의 종류를 똑같이 맞추면 가족 같은 느낌이 살아요.

고양이의 얼굴을 먼저 그리고 코타츠를 그려 마무리합니다.

아기 펭귄의 얼굴은 가로로 길고 동그랗게, 몸은 동그란 원처럼 그려요!

서로 붙은 동물에게 큰 꽃을 쥐어주면 귀여운 인상을 줘요.

커다란 고래의 등 위에 폴짝 올라가 앉은 동물!

가을 낙엽 등, 계절감 있는 모티프를 넣어도 좋아요♪

요리하는 장면에서는 요리사 모자를 씌워요.

코끼리의 코를 다리만큼 길게 하면 사랑스러워요!

눈을 꼭 감게 하면 열창하는 느낌이 납니다.

마린 룩 차림의 동물에게는 배의 모티브가 어울립니다.

커다란 잎 주변에 물방울을 그려 날씨를 표현.

동물 + 음식

등 뒤의 라인은 비스듬하게. 꼬리를 뿅 튀어나오게 해요.

해달 주변으로 수면의 파도만 그려도 완성도가 높아집니다!

토끼는 입을 오므리고 풀을 씹는 모습을 재현!

햄스터나 다람쥐의 식사 장면은 뺨을 볼록하게 하면 귀여워요!

동물에게 사람이 쓰는 식기를 쓰게 하면 판타지한 분위기가 나요.

토스트나 케이크 등에 동물을 앉혀 꾸며보세요!

댓잎을 입에 물면 우물거리는 느낌을 낼 수 있습니다.

커다란 도시락 반찬과 함께 그려보세요♪

심플한 모양의 과자와 동물을 그리면 더욱 사랑스러워져요♪

동물 + 패션

옆을 보는 몸을 그리고 옷을 그려 넣어요.

얼굴 아래에 반원을 그리 턱받이가 완성. 무늬를 자유롭게 생각해 봐요!

귀여운 모자를 쓴 동물은 얼굴만 그려도 귀여워집니다.

머플러×니트 모자로 크리스마스 시즌을 의식♪

안경×나비넥타이로 복고적인 분위기를 연출.

유치원 스타일은 아기 동물에게 안성맞춤!

동물 + 아이템

바닥에 붙어 따끈따끈. 배경으로 따끈따끈 난로를 그려요.

목부터 위를 그리고, 얼굴 주변에 수증기를 그려봅시다.

넥타이와 가방을 넣어 출근 스타일로♪

풍선과 두근거리는 표정을 뺨의 홍조로 표현해 보세요.

Illust Idea 4

판타지

가슴이 두근거리는 공상의 세계를 판타지 느낌으로 그려봅시다!
편지 등에 살짝 그려놓기만 해도 분위기가 화사해져요.

괴물

마녀

1
2
3
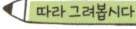

끝이 뾰족한 모자를 씌웁니다.

오른손에 마법 지팡이를 그려요.

A라인 원피스를 그리면 마녀 느낌이 물씬!

드라큘라

1
2
3

가로선으로 치켜올린 눈을 표현해 주고, 송곳니를 드러냅니다.

얼굴 옆으로는 옷깃을 그리고, 손은 높게.

망토를 펄럭이게 하면 완성입니다.

미라

온몸을 둥근 선으로 그리면 귀엽답니다!

늑대인간

복슬복슬한 꼬리가 포인트. 인간 옷을 입혀요.

요괴

우산 요괴

1
삼각형 아랫부분을 파선으로 그립니다.

2
커다란 눈알 하나와 쏙 내민 혀를 그려요.

3
나막신을 신은 다리 하나를 우산 중심에 그립니다.

도깨비불

불규칙한 파선으로 전체를 그립니다.

요괴 고양이

꼬리 두 개를 그려 신비한 분위기를 냅니다.

자시키와라시*

따라 그려봅시다

공놀이를 하는 모습을 그려보세요♪

아마비에*

따라 그려봅시다

커다란 귀와 긴 머리가 특징적입니다.

갓파

1
접시를 얹은 동그란 얼굴, 작은 다이아몬드 모양 입을 그립니다.

2
얼굴 앞에 오이를 들게 해요.

3
동그란 몸통과 등껍질을 그립니다.

따라 그려봅시다

One Point
차분한 색감으로 더 강렬한 분위기를

괴물이나 요괴 일러스트는 조금 어둡고 차분한 색으로 칠하면 분위기가 살아요.

Part 2 응용 일러스트

※다다미방이나 광에 사는 신으로, 그 집에 사는 사람에게 장난을 치고 본 사람에게 행운을 준다고 한다.
※반은 인간, 반은 물고기인 요괴로 역병을 막아준다고 한다.

우주여행

UFO · 우주선

반원과 동그라미로 UFO 를 그립니다.

우주선은 짧은 연필 형태 가 귀엽습니다.

배경으로 별을 그려 넣어요!

우주비행사

동그란 헬멧을 그립니다.

우주복 몸통을 그립니 다. 다리는 살짝 구부 려요.

세세한 부분을 그려서 완성!

외계인

해파리나 문어와 모양새가 비슷해요!

유성

별 옆에 날개 같은 모양을 그려 꼬리를 표현해 줍니다.

행성

토성

목성

금성

원으로 쉽게 그릴 수 있습니다. 색과 무늬를 조절해서 그립니다.

공룡

티라노사우루스

1  2 3

동그란 얼굴에 입과 눈을 그립니다.

짧은 앞다리, 뾰족한 꼬리를 그려요.

두툼한 뒷다리, 몸통에는 무늬를 넣어요.

브라키오사우루스

목은 길고, 다리는 똑같은 길이로 그립니다.

프테라노돈

날개를 펼쳐 하늘을 나는 모습으로 표현합니다.

추천 소재

공룡의 알   암모나이트   화산

천사와 악마

천사

1  2  3

부드러운 곱슬머리를 그려줍니다.

하늘하늘한 실루엣의 옷을 그려요.

천사의 고리와 날개를 그려서 완성합니다!

악마

1 2  3

머리 위에 뿔을 그립니다.

오른손만 들어요.

끝이 세 갈래로 갈라진 창, 삼각형 꼬리를 그려 넣습니다.

Part 2 응용 일러스트

별자리

양자리

별자리 마크
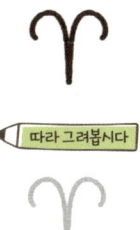
따라 그려봅시다

보글보글 선으로 얼굴과 몸 전체를 그립니다.

황소자리

별자리 마크

따라 그려봅시다

얼굴은 세로로 살짝 길게, 아래는 불룩하게 합니다.

쌍둥이자리

별자리 마크

따라 그려봅시다

색이 다른 옷을 입히면 쌍둥이 느낌이 납니다.

게자리

별자리 마크

따라 그려봅시다

데포르메 해서 집게 손까지 둥그스름한 모양새로 그립니다.

사자자리

별자리 마크

따라 그려봅시다

얼굴 주변에 갈기를 그립니다. 동그란 꼬리도 잊지 마세요!

처녀자리

별자리 마크

따라 그려봅시다

머리 장식이나 날개를 붙여 판타지 느낌을 살립니다.

천칭자리

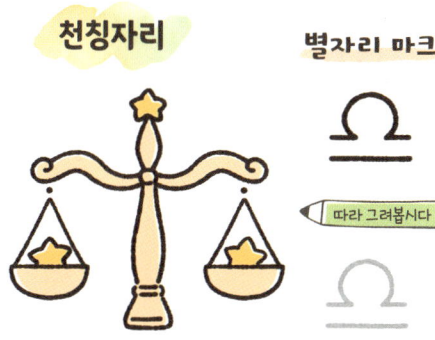

별자리 마크

따라 그려봅시다

천칭의 그릇에 귀여운 별을 얹어요.

전갈자리

별자리 마크

따라 그려봅시다

꼬리는 좌우 어느 한쪽으로 굽히면 생동감이 생겨요.

궁수자리

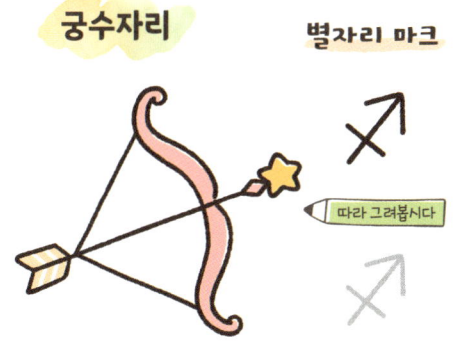

별자리 마크

따라 그려봅시다

화살 끝에는 작은 별 모티브를 놔둡니다.

염소자리

별자리 마크

따라 그려봅시다

신화 내용을 따라 하반신은 물고기로 디자인합니다.

물병자리

별자리 마크

따라 그려봅시다

기세 좋게 쏟아지는 물은 판타지한 색으로 칠하면 귀엽습니다!

물고기자리

별자리 마크

따라 그려봅시다

수면 위로 튀어 오르는 듯한 포즈가 좋습니다.

봄, 여름, 가을, 겨울
사계절 일러스트

계절감이 물씬 느껴지는 일러스트는 공책이나 수첩, 메시지 카드 등 폭넓은 용도로 즐길 수 있습니다!

크리스마스 선물의 포장에 계절감을 더할 수 있어요!

크리스마스 일러스트를 그려서 투명한 봉지에 담거나 상자에 붙여보세요♪

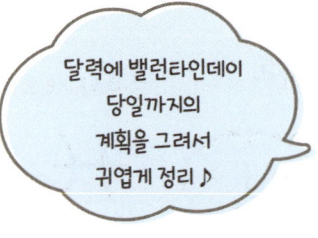

달력에 밸런타인데이 당일까지의 계획을 그려서 귀엽게 정리♪

'밸런타인데이 쇼핑 → 초콜릿 만들기 → 데이트 당일' 등 예정을 어드벤트 캘린더 느낌으로 그려봅시다.

> 무지 엽서에 십이간지 일러스트를 그려 오리지널 연하장을 만들 수 있어요.

십이간지나 정월 느낌이 나는 일러스트를 곳곳에 넣어 공간을 채워봅시다. 다이나믹한 구도로 십이간지 일러스트를 그려도 귀여워요!

> 졸업 시즌에 주는 색지는 일러스트로 장식해 보세요.

졸업 증서나 컬러풀한 꽃으로 곳곳을 장식해서 소중한 메시지를 꾸며보세요!

계절 일러스트

계절별로 즐기는 이벤트나 거기에 관련된 모티브를 마음껏 그려봅시다.
색도 계절에 따라 다르게 해보세요♪

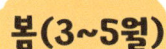

파스텔 컬러나
부드러운 색 조합이 어울려요!

히나마츠리*

히나 인형은 동그란 모양새가 귀엽습니다!

매화

꽃 한가운데에 세 개의 줄을 넣어 꽃술을 그려요.

휘파람새

눈 위로 들어간 라인이 포인트입니다.

뱀밥

표피를 그리고, 줄기를 그려 넣습니다.

튤립

끝부분이 뾰족한 잎이 특징적입니다.

※3월 3일의 여자아이의 명절에 지내는 행사로, 제단祭壇에 일본 옷을 입힌 작은 인형들을 진열한다.

어버이날

1 리본을 그립니다. 좌우를 자유롭게 흩날리게 합니다.

2 한가운데에 아빠를 그리고 꽃으로 장식합니다.

따라 그려봅시다

Part 2 응용 일러스트

칠석

댓잎과 거기에 매단 띠를 그려 화려하게 그려요.

따라 그려봅시다

여름방학 숙제

그림일기나 숙제용 공책을 포개어 그리면 좋습니다.

풍경

풍경에는 시원한 무늬를 골라 넣습니다!

금붕어 어항

위에 프릴 같은 가장자리를 그립시다!

79

해수욕

따라 그려봅시다

파라솔이나 해변에 사는 생물을 그려요!

수영복

마음에 드는 수영복을 그리기만 해도 재미있어요♪

밀짚모자

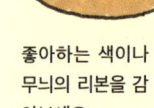

좋아하는 색이나 무늬의 리본을 감아보세요.

따라 그려봅시다

튜브 & 비치볼

불룩하게 부푼 모양으로 그립니다.

따라 그려봅시다

비치 샌들

각지게 그리면 바로 일본식 나막신으로 변신합니다.

따라 그려봅시다

수박

따라 그려봅시다

뾰족뾰족 선으로 껍질 무늬를 그립니다.

장수풍뎅이 & 투구벌레

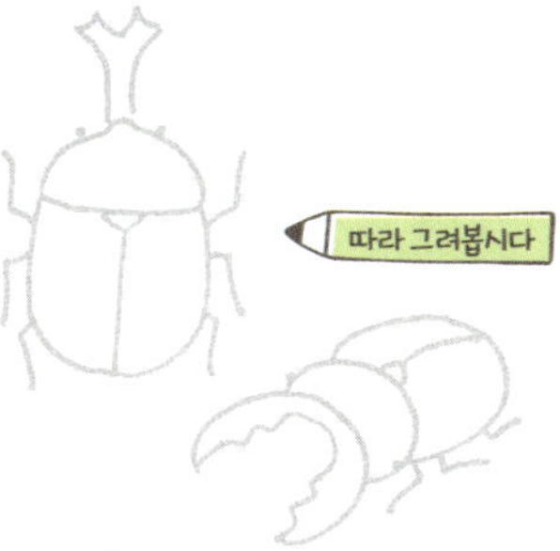

따라 그려봅시다

뿔의 형태를 사실적으로 그려봅시다♪

벌레잡이 통 & 포충망

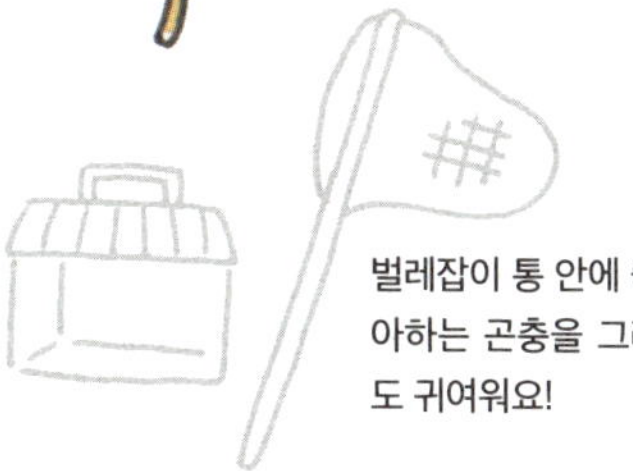

따라 그려봅시다

벌레잡이 통 안에 좋아하는 곤충을 그려도 귀여워요!

여름 축제

따라 그려봅시다

노점에서 볼 수 있는 음식을 그리면 마치 축제에 간 기분♪

Part 2 야외용 일러스트

핫피

따라 그려봅시다

앞섶을 벌리면 균형감이 느껴집니다.

유카타

따라 그려봅시다

두꺼운 오비는 겨드랑이 옆으로 그립니다.

81

가을(9~11월)

살짝 복고풍의 갈색이나 회색이 어울려요!

경로의 날

웃는 얼굴의 두 사람 사이로 꽃다발을 곁들여요.

코스모스

잎과 줄기를 곧은 선으로 그립니다. 꽃잎 끝은 뾰족뾰족하게.

여러 색으로 그리면 더욱 생기 있어 보여요.

피안화

가느다란 선으로 균형 있게 꽃잎을 그립니다.

보름

공물로 쓰는 찰떡을 배경으로 보름달을 그립니다.

핼러윈

따라 그려봅시다

발랄한 유령과 과자들을 곳곳에 드려요.

Part 2 응용 일러스트

유령
동그란 모양새로 귀엽게♪

과자
젤리 빈즈는 컬러풀한 게 귀여워요!

해골
웃게 하면 친근감이 생겨요♪

서양 묘지
색이나 선으로 오래된 느낌을 냅니다.

서양 저택
지붕 끝을 뾰족하게 하면 분위기가 삽니다.

촛불
촛농이 녹은 부분을 그리면 핼러윈 느낌이.

시치고산*

따라 그려봅시다

기념사진 같은 느낌으로♪

예술의 가을

따라 그려봅시다

예술적 센스를 발휘해 보세요!

배

따라 그려봅시다

자른 배를 그립니다.

솔방울

따라 그려봅시다

프릴처럼 여러 층을 겹쳐줍니다.

밤

따라 그려봅시다

옆으로 긴 원 모양으로 그립니다.

감

따라 그려봅시다

꼭지는 다이아몬드 모양을 참고해 그려주세요.

※아이의 성장을 축하하는 일본의 전통 명절.

꽁치

1 옆을 향해 기다란 몸통을 그립니다.

2 접시에 얹으면 더 맛있게 보여요♪

따라 그려봅시다

잠자리

1 눈알→동그란 몸통 부분→가느다란 부분 순서로 그립니다.

2 날개와 다리 등 세세한 부분을 더합니다.

따라 그려봅시다

도롱이벌레

1 늘어뜨린 실 아래에 꼬불꼬불한 선으로 넓적한 원을 그립니다.

2 아래 방향을 향해 꼬불꼬불한 선으로 여러 층을 겹쳐 그립니다.

따라 그려봅시다

모닥불

불 아래에 장작을 그려요.

따라 그려봅시다

군고구마

뜨끈한 김이 포인트♪

따라 그려봅시다

단풍잎

벌레 먹은 잎을 넣으면 더 멋져요.

따라 그려봅시다

Part 2 아이콘 일러스트

겨울(12~2월)

눈 쌓인 풍경은 파란색 계열로. 여기에 따듯한 색을 더해도 좋아요!

크리스마스

따라 그려봅시다

트리 주변에는 선물을 많이 그려요♪

리스
보글보글한 선을 가지고 이 중으로 원을 그리는 방식이에요!

양말
따뜻한 소재를 색과 선으로 표현해요.

치킨
양상추나 방울토마토를 곁들여 넣어요.

산타클로스
기다란 수염과 커다란 자루가 포인트.

순록
뿔과 다리는 가늘고 길게!

스키

 1

 2

얼굴과 팔을 먼저 그립니다.

몸통→다리→세부적인 부분의 순서로 그려나갑니다.

스노보드

 1

 2

상반신은 조금 기울이게 그립니다.

다리는 조금 벌려요. 진행 방향과 반대로 튀는 눈을 더해주세요!

스케이트

 1

 2

한쪽 손은 앞으로 내밀고, 손과 좌우 반대의 다리를 앞으로 내밉니다.

다른 한쪽의 다리를 꼬게 하면 더 약동감이 생깁니다.

눈 결정

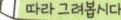

선을 그릴 때는 파란색 계열 펜이 좋습니다.

눈으로 된 움집

1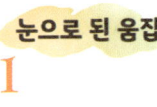
2

동그랗게 볼록한 원을 생각하며 윤곽을 그립니다.

반원으로 구멍 부분을 그리고, 눈을 뿌려줍니다.

눈토끼

1
2

잎사귀로 만든 귀는 가늘고 길며, 몸은 동그랗게 그려요.

작은 점으로 눈을 그립니다. 눈은 빨갛게만 칠해도 귀여워요!

눈사람

머플러 등, 따뜻한 느낌이 나는 아이템을 추가해요♪

구운 떡

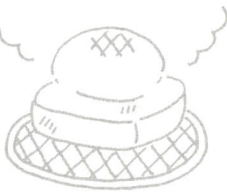

노릇하게 구운 자국을 떡의 윗부분에 그려요.

머플러

목에 감은 부분부터 그립니다.

장갑

복슬복슬한 장식으로 멋을 내요!

설날

장식용 소나무 등 계절감을 나타내는 소품을 그려요!

코타츠

1
2

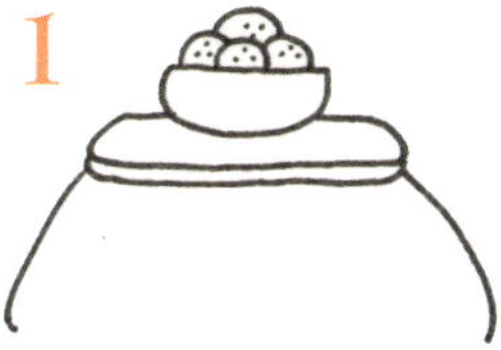

귤→식탁 판→코타츠 이불 순서대로 그립니다.

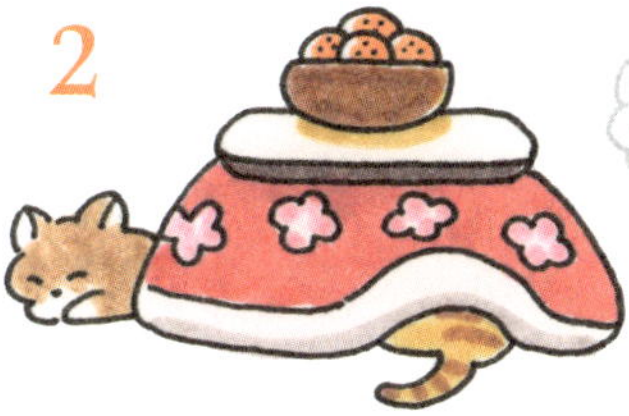

고양이 얼굴이나 꼬리를 살짝 보이게 하면 더 귀여워요♪

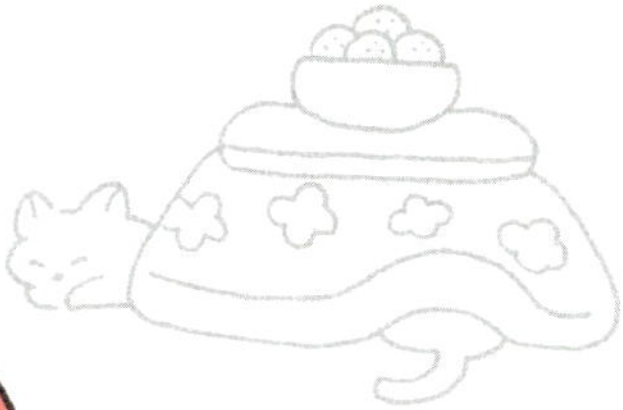

입춘 전날*

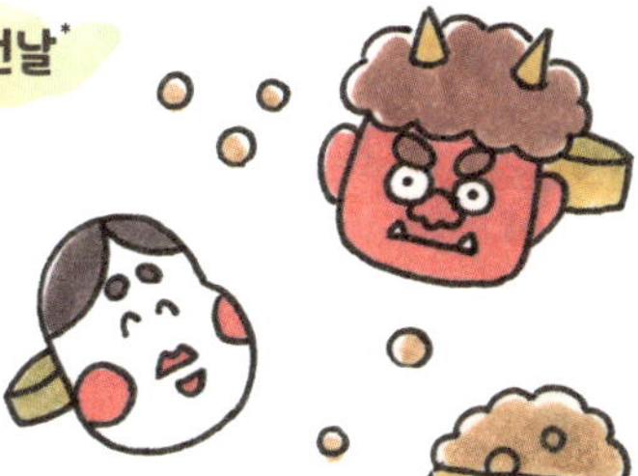

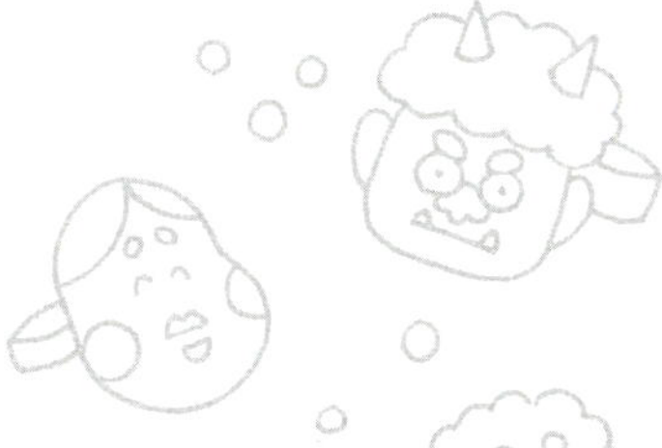

가면 표정은 우스꽝스럽게♪

에호마키*

작은 캐릭터를 넣어 에호마키가 특별히 커 보이게 연출해도 좋아요!

※2월 3~4일경에 콩을 뿌려서 잡귀를 쫓는 행사를 연다.
※김밥을 닮은 일본 음식. 입춘 전날 그해의 길한 방향을 보고 먹으면 운세가 좋아진다고 한다.

십이간지 일러스트

십이간지 일러스트는 새해 기념으로 안성맞춤입니다.
동물을 응용해 그릴 수 있지요. 손발을 생략하여 동그란 실루엣으로 만들어봅시다.

 커다란 원으로 귀를 그려요.

 얼룩무늬에 노란 뿔을 넣습니다.

 얼굴에서 꼬리까지 무늬를 넣어줍니다.

묘 귀도, 몸통도 동그랗게 해요.

진 꾸불꾸불하게 긴 몸통과 뿔이 포인트.

사 용을 응용해서 그립니다.

오 복슬복슬한 꼬리가 특징이죠.

미 보글보글한 큰 몸통이 귀여워요!

신 동그란 귀는 얼굴 옆에 그립니다.

유 부리까지 둥글게 그리면 더 귀여워집니다!

술 또렷한 눈썹이 잘 어울려요.

해 코끝을 앞으로 내밀어 봐요.

Part 3

글자·장식

귀여운 글자 & 장식

여러 글자를 귀엽고 멋지게 써봅시다!
가족이나 친구들, 직장 동료들에게 보내는 메시지에서 큰 활약을 할 거예요♪

직접 쓴 글씨로 마음을 담아보세요!

일상 속 감사의 마음을 담아 편지를 써보세요. 받는 사람이나 중요한 내용을 담은 글자를 강조해서 도드라지게 보이는 것도 멋지답니다♪

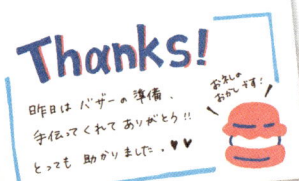

멋들어진 글자를 써서 평소와 다른 느낌을 줘보세요♪

글자를 어떻게 꾸미느냐에 따라 심플한 메모지나 카드가 화사하게 변신해요! 직장 동료나 친구에게 가볍게 보내보세요.

\ Before /

💬 외출한 곳의 장소나 이름을 컬러풀하게 장식해 보세요.

천이나 사진 위에 먼지를 떼고 나서 글씨를 적어보아요.

💬 홈 파티 메뉴도 아주 귀엽게 꾸밀 수 있어요 ♪

시험 삼아 발색도 체크!

요리 이름을 특징적인 글자나 일러스트로 화사하게 장식해 보세요!

글자를 귀엽게 쓰는 요령

기본 글자에 간단한 기호나 선을 더하거나 모양을 응용하기만 해도 글자를 귀엽게 만들어낼 수 있어요. 요령을 익혀 자유로운 발상으로 글자를 써봅시다.

약간의 응용 방법!

선의 굵기를 변경

あア1A
あア1A

기본 글자에 두께를 더해 선을 굵직하게 만들면 임팩트 있는 글자가 됩니다. 일부라도 굵게 해도 멋들어지게 보여요.

선의 타입을 변경

あア1A
あア1A

파선이나 흔들거리는 느낌의 선 등으로 글자를 써보세요. 심플하지만 다른 글자와 차이를 낼 수 있답니다.

기본 글자

あア1A

글자 모양을 변경

あア1A
あア1A

글자 전체를 가늘게 하거나 기울여서 약동감을 높입니다. 글자 배치 전체의 균형감까지 맞추는 게 포인트입니다.

도형이나 선 추가

あア1A
あア1A

글자를 쓰는 시작이나 끝에 도형이나 선을 넣기만 해도 눈길을 사로잡습니다. 글자 안에 세로나 가로 선을 넣어도 좋아요.

글자 주변을 도형으로 둘러싸기

글자 배열을 둘러싼다

글자를 쓰면 그 배열을 선이나 일러스트로 감쌉니다. 글자에 일체감이 생기므로 공책의 헤드라인에 잘 어울려요.

한 글자씩 둘러싼다

글자를 한 자씩 모티브로 감쌉니다. 글이 잘 읽히도록 좋아하는 도형으로 둘러싸 보세요.

글자 테두리 넣기

윤곽을 넣는다

연필 등의 지울 수 있는 필기구로 기본 글자를 쓰고, 주변을 펜으로 테두리를 그립니다. 글자를 가볍게 도드라지게 할 수 있어요.

무늬를 넣는다

테두리 속에 자유롭게 무늬를 넣어 장식합니다. 한 글자씩 색을 바꿔도 화사한 인상을 줍니다.

글자 장식하기

주변에 일러스트를 그린다

글자 위나 주변에 작은 일러스트를 배치해서 장식해 보세요. 화려하고 재미있는 글자가 된답니다.

글자 일부를 일러스트로 만든다

단어에 맞는 일러스트와 문자를 일체화하는 고급 테크닉! 초보자는 일러스트화하기 쉬운 가로세로 선부터 시작하세요!

히라가나

일본의 일상에서 자주 사용되는 히라가나.
편지나 카드에 사람 이름을 적어넣을 때도 활약합니다.
귀엽게 쓰는 포인트를 알면 마음이 든든해요.

One Point

글자의 둥그스름함과 무너지지 않는 모양새를 주의!

전체적으로 둥그스름한 모양새를 의식하면 히라가나를 귀엽게 쓸 수 있어요. 가로 선은 너무 길게 긋지 않는 편이 균형감이 생겨요.

굽혀야 할 곳은 크게 둥글리세요. 매끄럽고 천천히 펜을 움직이는 것이 중요합니다.

가로 선은 평행을 의식하면 글자가 자연스러워집니다. 둥글게 구부러지는 곳은 뭉개지지 않도록 조심하세요.

△ 좀 아쉽네요!

약간의 응용 방법

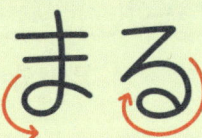

선의 시작과 끝을 화살표처럼 뾰족하게 합니다.

글자 일부를 크게 부풀립니다.

선에 완만한 곡선을 넣어 자유롭게 둥글립니다.

글자가 끝나는 곳을 붓이 스친 것처럼 뾰족뾰족하게 만듭니다.

도형으로 둘러싼 글자

메모장처럼 윗부분을 뜯어낸 모양처럼.

머그컵에 뜨끈한 김을 그리며 잠시 휴식.

도톰한 글자

마치 날개가 돋아난 것처럼 귀여운 느낌을 주고 싶을 때♪

글자 일부에 별을 넣어 반짝거림을 더해요.

점선으로 테두리를 그리면 속삭이는 분위기가 생깁니다.

테두리만 딴 글자 위에 효과선을 넣어 도드라지게 해요.

장식 글자

글자가 끝나는 부분에 양말을 신깁니다. 눈이 쌓인 것처럼 장식해서 계절감 연출.

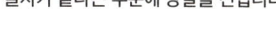 

좋아하는 음식을 문자에 넣어도 좋아요♪   넘치는 마음을 하트로 표현!   덩굴 같은 녹색 선으로 글자를 쓰고 꽃을 덧붙여요!

Part 3 글자·장식

Text & Illust 2

가 타 카 나

가타카나를 잘 쓰면 공책이나 수첩도 보기 좋고 멋들어집니다!
요리 메뉴나 이벤트명 등을 쓸 때 제격이에요.

One Point — 각지고 똑바르게 쓰는 것이 포인트

각을 바짝 세워서 쓰는 게 중요합니다. 선이 구부러지지 않도록 익숙해질 때까지 직선을 조합해서 글씨를 써보세요.

'力(카)' 등의 각은 확실히 굽혀요. 'ト(토)' 등은 바닥 쪽을 향해 똑바로 직선을 세우는 느낌이에요. 탁점이나 반탁점은 살짝 크게 쓰는 게 좋아요.

선의 길이나 글자의 각도 등을 잘 보고, 균형이 무너지지 않도록 조심하면서 써야 해요.

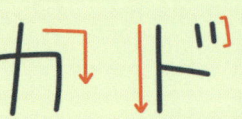

△ 좀 아쉽네요!

약간의 응용 방법

가로 선은 똑바로&세로 선의 끝을 뾰족하게 하면 복고적인 느낌이 나요.

글자 끝을 동그랗게 말아보세요.

가로 선 하나만 쭉 길게 빼서 그리면 감성적으로 변해요!

글자 좌우에 선을 넣으면 움직임이 생겨요.

도형으로 둘러싼 글자

부드러운 느낌의 사각형으로 글자를 감싸고 오른쪽과 왼쪽에 두께를 넣어 입체적 느낌을 줍니다.

선물 상자에 리본을 더해 귀여움도 UP!

도톰한 글자

귀여운 무늬를 그려 두근거림을 전해요♪ 땀방울을 넣어 사과하는 느낌.

잊으면 안 되는 것은 뾰족뾰족 선으로 강조해도 좋아요. 소문자나 탁점이 많은 가타카나는 가느다랗게 테두리를 넣으면 예뻐요.

장식 글자

문자에 리본을 묶으면 멋들어져요! 문자를 달걀로 빗대서 주변에 껍질을 같이 넣습니다.

학교 관련의 단어에는 필기구가 잘 어울려요. 유령의 얼굴을 슬쩍 엿보이게 해서 모두를 깜짝 놀라게 합시다!

Part 3 글자·장식

일러스트 더하기

Text &Illust 3

알파벳

멋들어진 알파벳 쓰는 법을 마스터하면,
여러 상황에서 활용할 수 있습니다.

 **옆으로 사이좋게 늘어세우는 느낌으로**

초보자는 각 글자가 일직선으로 늘어세우는 것처럼 쓰면 됩니다. 대문자, 소문자가 라인을 맞춰 잘 배열되어 있으면 깔끔해 보여요.

정방형의 모눈을 떠올리면 더 글자를 쓰기 쉽습니다. A, M, W, X 등은 좌우 대칭을 의식하세요.

한 글자씩 균형 좋게 글자를 쓰는 것이 중요합니다. 글자가 기울어지지 않았는지 확인하세요.

좀 아쉽네요!

약간의 응용 방법

오른쪽에 선 하나를 넣기만 해도 그림자가 생깁니다.

가느다란 선을 겹치면 멋스러워져요!

짧은 선을 많이 넣어 강조해 봅시다.

글자를 몇 개의 부위로 나누어 색칠합니다.

도형으로 둘러싼 글자

완만한 선으로 책 모양을 그려 둘러쌉니다.

문자를 풍선으로 감싸 끈을 붙여요♪

도톰한 글자

눈알을 그리면 표정이 풍부해져요!

반짝거림을 곳곳에 뿌려서 빛나게 해요.

밝은 단어는 발랄한 무늬를 넣으세요.

글자 안에 테두리를 빼는 것도 멋진 테크닉!

Part 3 글자·장식

장식 글자

신발을 신겨서 액티브한 분위기로.

교에서 사용하는 도구를 한 문자당하나씩 그려 넣어요.

나무판 같은 부품을 조합합니다.

끈으로 문자를 매달고, 아래에 빛나는 선을 넣어요.

일러스트 더하기

숫자

숫자는 날짜나 시간을 적을 때 대활약합니다.
내 취향의 맞춰서 자유롭게 응용해 보세요.

One Point — 위아래 높이를 맞춰서 꼼꼼하게

숫자는 보기 좋아야 합니다. 간단히 쓸 수 있지만 높이를 의식해서 꼼꼼하게 쓰면 멋진 숫자 모양새를 만들 수 있어요.

숫자 위와 아래에 연필로 흐리게 선을 그려 높이를 맞추면 균형 있게 쓸 수 있어요.

높이나 각도가 제각각이면 숫자를 알아보기 어려워져요.

△ 좀 아쉽네요!

약간의 응용 방법

세로 선을 이중으로 넣기만 해도 분위기가 확 달라집니다.

도형으로 둘러싼 글자

하트로 둘러싸고 글자는 희게 해서 도드라지게 합니다.

도톰한 글자

숫자 끝부분이 확 퍼지는 모양새로 그리면 존재감이 확 살아요!

장식 글자

마스킹 테이프 느낌의 부품으로 조합해도 좋아요.

버섯을 일러스트에 넣으면 귀엽죠♪

한 글

한글도 요령을 알면 귀엽게 쓸 수 있습니다.
친구에게 보내는 미니 편지나 팬레터 쓸 때 활용해 보세요♪

One Point — 각 자음과 모음, 받침을 쓸 때 형태에 주의!

한글 글자는 자음, 모음, 받침으로 구성되어 있습니다. 글자가 깔끔하게 보이도록 유의하면서 쓰세요.

자음, 모음, 받침을 쓸 때의 예

라 — 너무 휘기는 쓰지 않는다!
자음 ㄹ(리을)을 쓸 때 끝부분을 너무 확 올려치지 않게 합니다.

소 — 「ㅅ」(인) 자를 쓰는 것처럼
자음 ㅅ(시옷)은 'ㅅ(사람 인)'과 같은 모양을 의식해 씁니다.

자 — ㅅ 위에 ㅡ을 붙여서
자음 ㅈ(지읒)은 ㅅ 위에 ㅡ을 긋는 모양으로 씁니다.

약간의 응용 방법

안녕하세요

문자 끝을 볼록하게 해서 볼륨감을 UP.

도형으로 둘러싼 글자

최고

눈에 띄게 하고 싶은 단어는 파선으로 둘러싸서 스탬프처럼 만들어요.

도톰한 글자

사랑해

빛이 반사하는 부분만 선을 넣어 윤기 나는 질감을 표현해요.

베프

즐겁게 움직이는 듯한 효과선을 비스듬하게 넣으면 좋습니다.

장식 글자

이모티콘 느낌의 얼굴과 하트로 화려하게!

이를 드러내며 씩 웃는 모습을 표현♪

장식

장식은 메모를 살짝 장식하거나 공책에 그려 넣는 등 폭넓게 사용할 수 있습니다.
예를 참고해서 자유롭게 아이디어를 떠올려보세요!

라인

수첩이나 취미로 쓰는 공책의 구분선,
메시지 카드의 장식에서 활약해요.

조명

잎사귀

작은 꽃

우주

보석

종이비행기

도토리

초원

털실

말풍선

전달 메시지 메모에 적어 화사하게!
수첩에는 중요한 말풍선 속에 적어 눈에 띄게 할 수 있습니다.

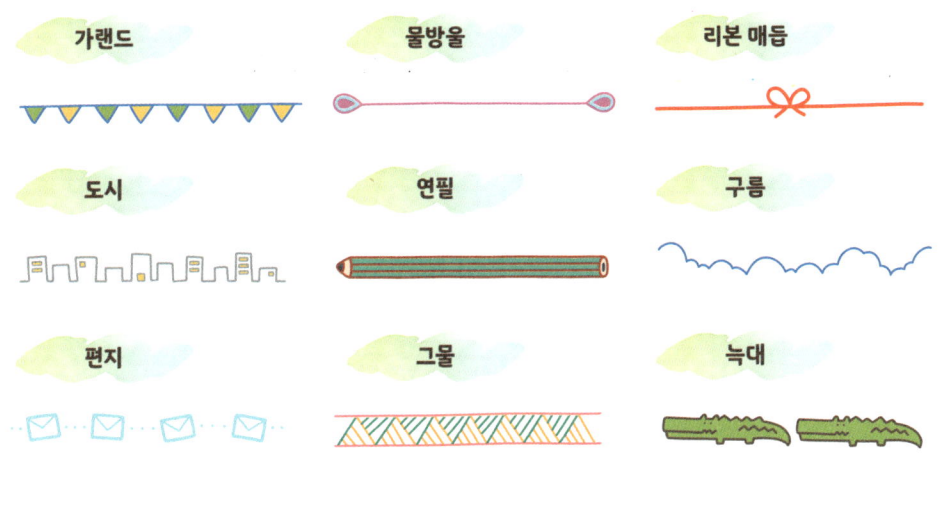

테두리

종합장에 그리면 오리지널 편지지로 변신합니다.
공부할 때 활용하면 내용을 쉽게 구분할 수 있어요.

One Point

테두리 디자인이 잘 생각나지 않으면, 일단 심플한 선으로 두르고 거기에 어울리는 모티브를 더해도 좋아요. 선을 통해 연상되는 것을 그려 넣기만 해도 오리지널 디자인이 됩니다♪

Part 3 글자·장식

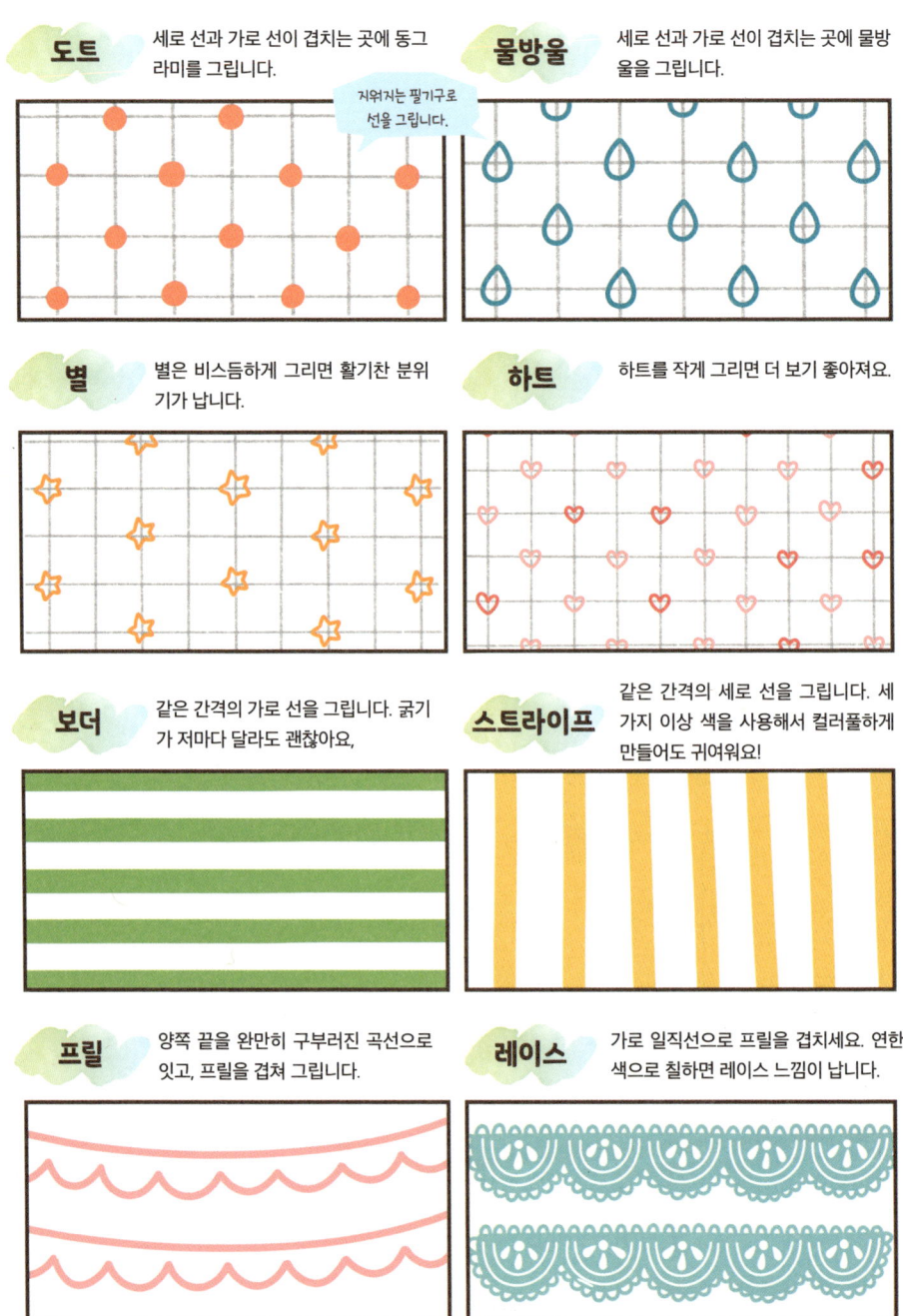

안개
마치 연기가 일렁이는 듯한 형태를 반복해 그립니다.

푸른 파도
아래에서 위를 향해 무늬를 겹치면 균형감이 생겨요.

비늘
가로로 된 직선과 비스듬한 선을 조합해서 그려요.

산쿠즈시*
세 줄의 짧은 선을 가로세로 방향으로 교대로 그립니다.

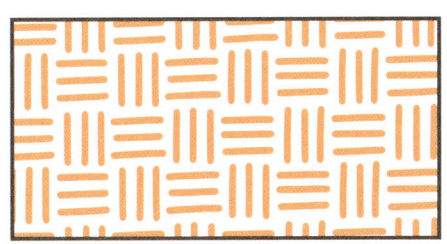

블록 체크
격자를 그려 두 색을 교대로 모눈 칸에 칠합니다.

깅엄 체크
베이스는 흰색과 진한 정도가 다른 한 가지 색을 칠합니다.

타탄 체크
우선 가장 잘 쓰이는 녹색, 검은색, 파란색의 3색을 써서 그려봅시다.

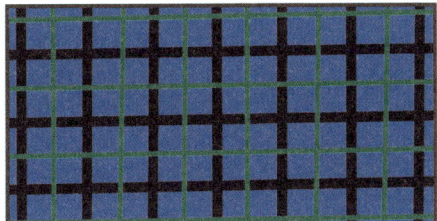

아가일
다이아몬드 모양을 늘어세우고, 비스듬한 선을 이어서 그려요.

※일본식 격자 무늬의 일종.

일러스트를 응용해서 그리는 무늬

일러스트 응용으로 귀여운 무늬를 만들 수 있어요.

식물 응용하기

여러 종류의 잎사귀를 곳곳에 배치해 봅시다.

꽃의 크기는 똑같지 않아야 더 멋져요.

생물 응용하기

동물 발자국을 살짝 그리기만 해도 즐거운 분위기가 나요♪

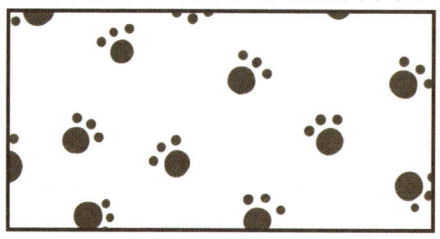

각양각색의 물고기를 헤엄치게 해봅시다!

아이템 응용하기

화장품과 입술 모티브를 무작위로 배치해요.

안경과 눈알을 같이 그려요. 시선을 바꿔도 재미있어 보여요!

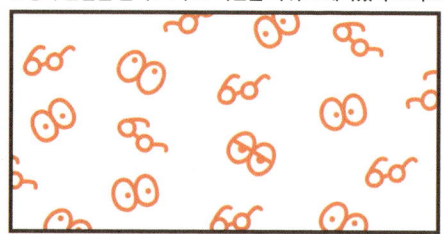

필기용 공책에는 교과와 관련된 아이템을 넣어보세요♪

주방용품을 그려 넣어도 귀엽죠!

Part 4

수첩·공책을 멋지게 정리하는 법

다이어리

먼슬리 타입

MON　TUE　WED

MONTH

2025
3
MOOD TRACKER

이런 효과가 있을지도♪
★ 행동이나 사고가 정리된다.
★ 새로운 아이디어가 떠오른다.
★ 목표나 꿈이 명확해진다.

대인 관계나 정신 상태를 그래프로 그려 관리!

월별 목표

추억의 로그

스케줄이나 업무, 감정 등, 공책이나 수첩에 기록하면 나를 되돌아볼 계기가 됩니다. 항목별로 간단히 적어도 되고, 일러스트나 글자로 장식해도 좋아요! 기록을 즐기면서 나답게 꾸며봅시다.

무지 공책

한 쪽을 4등분해서 하루에 한 칸씩 그립니다. 기억에 남는 사람의 표정, 반려동물의 귀여움, 맛있는 음식 등 자유롭게 그리세요!

> 무지 공책에 매일 있었던 일을 그려서 기록!

그림일기장

> 날에 따라 그림이나 배치가 가지런하지 않아도 그 특유의 매력이 살아납니다!

공책 만들기에 규칙은 없습니다. 잘 그리지 못하는 날이 있어도 걱정하지 마세요. 며칠 후에 생각나는 것을 그려도 좋습니다.

※예시 작품은 날짜와 라인이 들어간 수첩을 사용하고 있습니다.

취미 공책

> 취미 공책에 내가 '좋아하는 것'을 가득 담아보면 멋진 아이디어가 번뜩 떠오를지도 몰라요!
>
> 오감으로 느낀 것을 오리지널 일러스트나 나의 말로 표현하면 더욱 감성이 살아나요!

작품의 매력을 일러스트로♪

맛집 공책

가게에서 만나게 된 멋진 디저트, 맛있었던 음료 등의 감상을 일러스트와 함께 기록해 보아요.

> 가지고 다니기 좋은 사이즈에 가게 정보도 함께 적어요.

자유로운 레이아웃으로 그리면 즐거워요!

줄공책

신체 관리 로그

아이콘을 쓰면 매일의 체중, 체온, 생리 등의 데이터를 일목요연하게 볼 수 있어요.

Date

AUGUST

몸이나 마음의 상태를 기록해서 제대로 된 신체 관리를!

페이지를 세로로 나누어서 그리기 시작해 보세요!

날짜	날씨/기압	체중	체온	상태
8/1 (日)		50.5 kg	36.5 ℃	\PMS/ 頭痛
8/2 (月) ☀ 高気圧		50.8 kg	36.3 ℃	\PMS/ メンタルがかなりダウン◍ たくさん休むぞ!! ◐◐
8/3 (火) 低気圧		50.9 kg	36.2 ℃	\1日目/ 生理痛
8/4 (木) 低気圧		50.4 kg	36.5 ℃	\2日目/
8/5 (木) 低気圧		50.1 kg 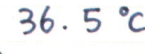	36.6 ℃  	\3日目/ 生理痛が いつもより軽くて ラッキー!!

육아 일기

아이의 성장 기록은 일러스트를 가득 넣어서 그리면 재미있게 꾸준히 이어갈 수 있어요. 기호나 아이콘 일러스트를 가득 써보세요!

> 아이의 성장을 귀엽고 재밌게 그려보세요 ♪

괘선을 이용하면 테두리나 라인을 그리기 쉬워요 ♪

2024 3/24 SUN

ずーっと行きたいねって言ってた くじら公園へ!!! かなり広くて 遊具も たくさんあった◇

前日から自分で決めていた こだわりのコーディネート。 ヨコしま×タテしま。笑 お気に入りのペンギンちゃん も一緒♡♡

↑ ココだけ むすぶのが こだわり。

大きな大きな くじらの すべり台!!尾びれ から入って口から すっぽーん！と出てくる！

予想以上のスピードに びっくり!!

でも楽しかったみたいで 何回もすべってた♪

LUNCH TIME
かまぼこ にんじん ブロッコリー
レタス
ミートボール
えだまめ
たまごやき
ペンギンちゃん おにぎり
トマト

帰りの車は 座ったしゅんかん 夢の中へ… また行こうね♡

> 인상적인 장면을 일러스트로 그려 남겨요!

Illust Idea 1

편리한 기호

간단한 기호를 여러 디자인으로 그려보는 것도 재미있어요.
글자 옆에 그려놓기만 해도 멋진 악센트가 됩니다!

도형(동그라미, 가위표, 삼각형, 다이아몬드)

동그라미

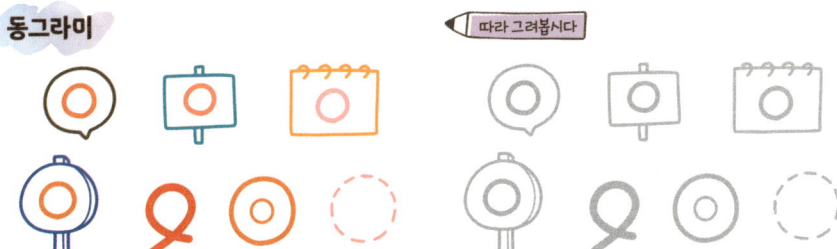

스케줄 수첩에는 중요한 일이 있는 날에 동그라미를 그려 넣기만 해도 좋아요!

가위표

업무나 육아 등에서 반성할 점 등을 적을 때 곁들이면 알아보기 쉽습니다.

삼각형 / 다이아몬드

보류된 일이나 더 생각해 봐야 할 것에 쓰는 표시에 어울립니다.

'마중 가는 날 = 다이아몬드' 이런 식으로, 나름의 규칙을 정해 정리해 봅시다.

! · ?

딱 봤을 때 눈에 들어오므로 중요한 내용과 함께 적으면 좋아요.

의문점이나 조사할 것 등에 잘 어울려요.

반짝반짝

즐겁거나 두근거리는 이벤트 등에 그려 넣어 봅니다.

하트

팬 활동, 데이트, 기념일 등 폭넓게 쓸 수 있어요.

Illust Idea 2 — 날짜 장식

스케줄 수첩이나 달력 등에 잘 쓰이는 모티브를 모아봤습니다♪
짬이 났을 때 디자인을 생각해 보는 것도 재밌어요.

> **One Point**
> 월이나 요일의 이미지를 자유롭게 표현
>
> 월이나 요일을 영어로 쓰거나, 이벤트나 연상되는 모티프 등을 자유롭게 그려보세요.

달을 표현하는 로고・장식

신년에는 전통적인 모티브가 잘 어울립니다. 흩날리는 눈을 그려도 계절감이 생겨요.

2월에 있는 행사 등을 고려한 무늬를 넣으세요. 다른 이벤트에서도 여러 이미지를 생각해 봅시다.

3월

입학 시즌에는 꽃잎을 흩날리는 분위기를 연출해 보세요.

4월

햇살이 훈훈한 계절에는 새싹이나 귀엽게 생긴 곤충이 잘 어울려요.

5월

  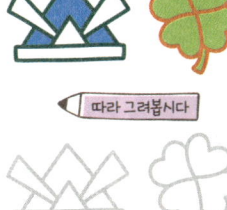

5월에 있는 이벤트 등과 관련한 일러스트와 문자를 일체화해 보세요!

6월

장마 시즌에는 빗방울이 안성맞춤입니다. 로고는 옅은 한색(寒色)도 잘 어울립니다.

Part 4 수첩·공책을 멋지게 정리하는 법

Illust Idea 3

아이콘 일러스트

작은 아이콘 일러스트는 한정된 공간 속에서 정보를 정리하는 데 도움이 됩니다.
공책이나 수첩에 활용해 보세요.

One Point
머리에 잘 들어오지 않는 문자 정보를 아이콘으로

글자 정보를 아이콘 일러스트로 표현하면, 스케줄 수첩이나 일기장 정보를 하나로 정리할 수 있어요.

날 씨 그날의 날씨를 메모해 두면 되돌아볼 때 편리!

맑음
선명한 색으로 칠하는 게 좋아요!

구름
몽글몽글한 모양의 구름은 여러 곳에 그리고 싶어진답니다.

비
우산이나 빗방울로 비를 내리는 모습을 그려요.

태풍
강한 바람이나 호우는 비를 응용해서 그릴 수 있어요.

천둥 번개

흐린 날씨의 모티브에 벼락을 그리면 됩니다.

눈

눈 결정이나 눈사람이 잘 어울려요.

꽃가루

꽃가루가 날리는 날에 그리면 외출 준비에 도움이 돼요.

세탁

일기예보를 확인해서 세탁 계획을 아이콘으로 메모하세요!

\ 기온 /

추운 날

뾰족뾰족 선으로 추운 날씨를 표현해 보세요.

더운 날

높은 기온을 온도계나 패션 아이템으로 표현해도 좋아요!

아이템·음식·음료

일정 관리나 로그에 사용할 수 있어요

업무 도구

업무 관련 일정에 함께 그려 넣으면 기억하기 쉬워요.

학용품

학교 준비물을 정리할 때 도움이 됩니다.

패션

옷이나 소품 등 살 물건의 리스트를 만들 때 딱이에요.

음식

점심 때 먹은 것을 일러스트로 그려도 좋아요♪

음료

카페나 주점에서 먹었던 맛있는 메뉴를 기록할 때!

동물

귀여운 동물을 넣기만 해도 지면이 화사해져요.
말풍선을 넣어 만화처럼 만들어도 재미있어요!

Part 4 수첩·공책을 멋지게 정리하는 법

신체

일러스트로 재미있게 컨디션 변화나 생리일을 기록해 보세요! ....

체중·체온·혈압

매일의 건강 체크나 체형 관리에 사용하기 좋은 아이콘입니다.

다이어트

체중 증감이나 반신욕 기록 등을 적어 즐겁게 몸 관리를 해보세요♪

식사·운동

이상적인 몸매를 위해 헬스장에서의 운동 메뉴나 식사를 기록해도 좋아요!

생리

생리 예정일, 배란일, 생리통 등을 아이콘으로 기록하면 도움이 됩니다.

   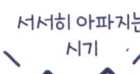  

정기 검진·통원

나와 가족의 통원에 대해 아이콘을 구분해서 사용하면 깔끔하게 정리됩니다.

약

상비약 메모나 부상, 질병 기록과 함께 그려보세요.

마음

내 감정을 이모티콘 느낌으로 작은 얼굴이나 말풍선으로 표현!

즐거움 · 두근두근

기쁨 · 감동

쿵쾅쿵쾅 · 긴장

슬픔 · 걱정

화났어!

말풍선 속에 장식 글자를 넣어도 좋아요!

Part 4 수첩 · 공책을 멋지게 정리하는 법

장소

가고 싶은 곳을 기록할 때 제격입니다.
건물이나 특징적 아이템으로 표현해요.

회사

사각형의 조합으로 그립니다.

학교

한가운데 시계가 포인트.

어린이집·유치원

어린이가 쓰는 도구를 늘어놓아도 좋아요.

병원

학교를 응용해서 그립니다. 십자가를 그려 넣어요!

우체국

일본의 우체통에는 '〒'가 그려져 있습니다.

도서관

책을 그리기만 해도 도서관 느낌이 나요!

은행

해당하는 나라의 화폐 기호나 'BANK' 등 은행다운 요소를 넣습니다.

편의점

'24'의 간판이 편의점 느낌을 내요.

미용실

지붕 형태는 프릴 느낌으로 귀엽게 해봐요♪

 신사
 절
사우나

우뚝 선 도리이를 그리기만 해도 완성!   오래된 건물의 모습을 의식하세요.   굴뚝과 연기를 그립니다.

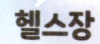 헬스장
 바다
 산

운동하는 실루엣이 딱 알맞아요.   수면에 요트를 띄워요♪   이어지는 산과 태양을 그립니다.

Part 4 수첩·공책을 멋지게 정리하는 법

이동

교통수단이나 약속 시각의 메모에 넣어요!

 전철
 버스
 도보
 택시
 배

위에 다이아몬드 형태를 두 개 넣어 그립니다.   발랄한 색으로 칠합니다.   터벅터벅 걷는 모습을 생각하며 그립니다.   차체 위에 램프를 그립니다.   커다란 반원과 기다란 직사각형을 겹쳐요.

Illust Idea 4
자투리 시간의 아이디어집

수첩이나 공책에는 반드시 여백이 생깁니다.
마음에 꼭 담아두고 싶은 것이나 잊으면 안 되는 것들을 그림으로 그려 활용해 보세요.

One Point

여백을 찾아낸다 or 만든다

다이어리나 수첩, 공책에 내용을 작성할 때 그림을 그릴 만한 자투리 공간이 있는지 찾아보세요! 다른 종이를 끼워 공간을 넓혀도 좋아요. 요령만 잘 알면 자유자재로 활용할 수 있답니다!

여백에 그림 그리기

무드 트래커
어떤 감정 상태였는지 변화를 세로로 점을 찍어 선으로 잇기만 해도 마음을 정리할 수 있답니다.

소지품 리스트
여행하는 달에는 가족의 소지품을 리스트로 귀엽게 정리해 보세요. 캐리커쳐+소지품을 그리는 거예요.

다른 종이 사용하기

목표 시트
리필 용지 등으로 매달 목표를 간단히 적어 끼워두면, 계획을 세우기 쉬워요.

행사 준비 메모
필요한 것을 일러스트로 정리해서 꼼꼼하게 준비합니다. 다른 용지를 책갈피처럼 끼워서 잊지 않게 조심할 수 있어요!

Part 4 수첩·공책을 멋지게 정리하는 법

추억 로그
즐거웠던 날의 일을 골라서 자유롭게 그립니다. 다이어리 여백에 붙여도 좋아요!

중요한 단어집
공책 가장자리의 세로로 긴 공백을 만들어 기억하고픈 중요 단어를 메모해 두면 복습하기 편합니다.

보디 로그
단어나 공책의 남은 페이지를 이용해서 기록한 보디 로그. 목표 수치를 정해 보세요.

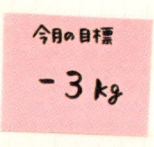

135

아이템을 더하자!

포인트 스티커

컬러풀한 원형 스티커를 자유롭게 붙이면 수첩이나 공책이 화사해져요. 천원숍 등에서 쉽게 살 수 있어요.

형태·색깔을 활용

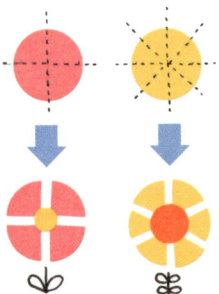

아이디어에 따라 다양하게 응용해요!

포인트 스티커 색을 이용하면 깔끔하고 보기 좋게 정리할 수 있어요. 잘라서 꽃 모양으로 만드는 응용도 간단해요!

일러스트 더하기

검은 펜으로 아이콘 일러스트를 그리면 귀여운 분위기가 생겨요♪

유성 펜으로 컬러풀한 일러스트를 그리면 화사해져요!

글자 더하기

문자나 날짜를 적어 붙이면, 눈길을 사로잡는 헤드라인이 완성! 페이지에서 쏙 튀어나오게 하면 편리한 인덱스로 변신합니다♪

포스트잇

여러 가지 색과 사이즈나 형태가 있어서, 내가 쓰기 좋은 것을 고르는 재미도 있습니다.

포인트 컬러

여러 색의 포스트잇을 무작위로 붙이면 쉽게 잡지 분위기를 낼 수 있어요.

포스트잇 색을 고를 때는 수첩이나 공책에 붙일 것을 고려하세요!

오리지널 포스트잇

심플한 포스트잇에 장식이나 좋아하는 동물, 아이템을 그려 기분을 UP!

할 일 목록이나 태스크 정리 등은 표제로 쓰기에 딱 이에요♪

타임 스케줄

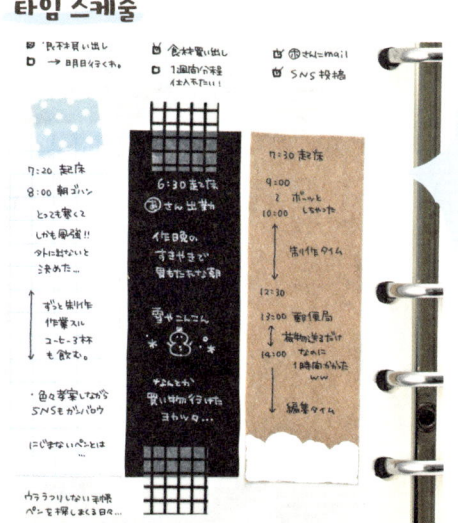
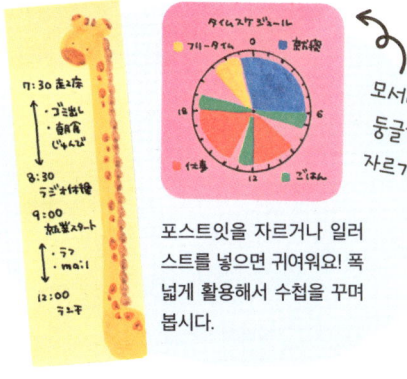

모서리를 둥글게 자르기!

포스트잇을 자르거나 일러스트를 넣으면 귀여워요! 폭 넓게 활용해서 수첩을 꾸며 봅시다.

포스트잇에 일정을 적어 수첩에 붙이고, 하루가 끝날 때 오늘을 되돌아보며 '완료' 페이지로 이동시키면 공간을 낭비하지 않고 활용할 수 있어요.

Part 4 수첩·공책을 멋지게 정리하는 법

Illust Idea 5

마스킹 테이프 활용법

붙이고 뗄 수 있는 마스킹 테이프를 쓰면 공책이나 수첩을 내 취향으로 꾸밀 수 있습니다. 무지나 무늬가 들어간 타입의 마스킹 테이프 활용 예를 소개하겠습니다.

무지

오리지널 마스킹 테이프

무늬 넣기

라벨 스티커를 붙이거나 마스킹 테이프를 겹쳐서 보기 좋고 버라이어티 풍부한 디자인으로 만들어보세요!

좋아하는 무늬를 그려도 좋아요. 짙은 색의 마스킹 테이프에는 흰색 펜이 잘 보여요!

모티브 만들기

마스킹 테이프를 짧게 잘라 조합하면 여러 모티브를 만들 수 있습니다.

일러스트나 글자를 그리면 귀여움이 만점! 아이디어를 마음껏 펼쳐보세요♪

무늬

공책 면 꾸미기

무지 공책 면을 무늬가 있는 마스킹 테이프로 장식해도 오리지널 느낌이 물씬!

사진 붙이기

사진을 붙일 때는 화려한 무늬의 마스킹 테이프가 어울립니다. 적당히 투명한 마스킹 테이프는 압박감 없이 꾸밀 수 있어요!

표지 장식하기

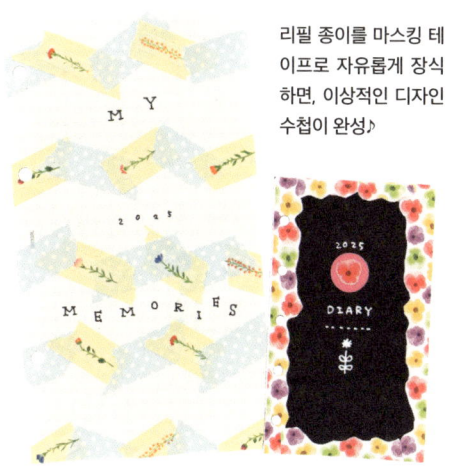

리필 종이를 마스킹 테이프로 자유롭게 장식하면, 이상적인 디자인 수첩이 완성♪

공책 가장자리에 그리는 미니 모티브

마스킹 테이프를 찢어서 자유롭게 형태를 만들어 붙이면 좁은 공백도 예뻐져요♪

Part 4 수첩·공책을 멋지게 정리하는 법

One Point — 공책 면을 장식하는 무늬와 색감을 맞춘다

좋아하는 무늬를 많이 채워 넣으면 귀여운 느낌이 나고, 색의 농담을 잘 맞추면 깔끔한 분위기를 연출할 수 있습니다.

COLUMN 1 — 여행 일기를 그려보자!

무지 공책에 방문했던 곳에서 먹은 음식이나 맛있었던 음료,
인상적이었던 건물이나 미술 작품 등을 그려 추억을 기록해 봅시다!

1 공책 유형과 화구를 고른다

크래프트지 × 한 가지 색깔 펜

내추럴한 질감의 크래프트지에는 검은색 펜이나 파란색 펜으로 그리면 심플하고 읽기 좋습니다. 초보자에게 추천하는 방법이에요.

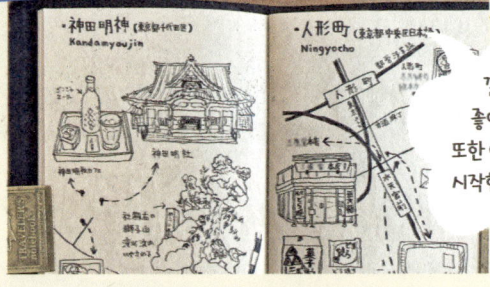

\ 이런 사람에게 추천 /
깔끔한 디자인을 좋아하는 사람에게. 또한 여행 일기를 이제 막 시작한 사람에게 좋아요.

흰 종이 × 수채 물감으로 칠하기

백지 스케치북에 펜으로 그림을 그리고, 수채화 물감으로 색칠합니다. 스케치부터 선화, 색칠까지 시간을 들여 즐길 수 있어요.

\ 이런 사람에게 추천 /
꾸준하게 천천히 기록하고 싶은 사람에게. 특히 물감 색칠은 시간을 들여 완성해 봅시다.

패스포트 타입 × 마카 색칠

패스포트 타입의 작은 공책에 펜으로 빠르게 모티브를 그리고, 나중에 마카로 색칠합니다.

\ 이런 사람에게 추천 /
외출을 좋아하고, 이동 시간을 유용하게 사용하고픈 사람에게 딱 맞습니다. 작은 공책에 여행에서의 추억을 가득 담아봅시다!

2 구도를 이미지한다

익숙해질 때까지는 연필로 구도선을 잡고 나서 그리는 게 좋습니다. 표제는 빙글빙글 선, 글자는 'Z', 일러스트는 원으로 공간을 채웁니다. 포스트잇에 가게나 노선을 메모해 두면 아이디어가 잘 떠오르게 된답니다.

One Point
방문한 곳에서 찍은 사진을 다시 살펴본다

여행일기를 꾸밀 때 가장 중요한 것은 '풍부한 자료'입니다! 별 뜻 없이 찍은 사진도 공책 정리를 할 때는 귀중한 것이 됩니다.

옆에 사진을 놔두고 보면서 이미지를 떠올려봅시다.

3 좋아하는 것부터 그려 나간다

구도선을 이용해서 일러스트를 그릴 때는 자기가 좋아하는 것이나 마음이 가는 모티브부터 우선해서 그려도 됩니다. 집중해서 조금씩 그려나가 봅시다.

밑그림(연필)→선화(볼펜)→색칠(마카) 등으로, 작업 순서에 따라 화구가 달라질 때는 하나의 순서가 끝나고 난 다음에 넘어가면 지면을 더럽히지 않는답니다!

One Point
식기나 인테리어 등 세세한 부분도 살핀다

마무리할 때는 커트러리나 가구 재료 등에도 주목해 봅시다. 그런 것들을 정성껏 그리면 더 현실감 넘치고 멋들어지게 완성도를 높일 수 있어요. 음식이라면 식기와 함께 맛있는 느낌을 표현해 보세요.

테이블 위의 장식이나 식물 등도 악센트로!

쟁반의 가장자리까지 그려서 목재의 질감을 표현합니다.

COLUMN 2
여러 가지 펜을 사용해서 일러스트를 그리자

기본적인 펜 이외에도 일러스트나 장식을 귀엽게 그릴 수 있는 펜이 있습니다.
어떤 분위기의 일러스트를 그릴 수 있을지 살펴봅시다!

글라스 펜

구리박이 들어 있는 글라스 펜
꼬임무늬 아쿠아
/ 키타이치가라스

가느다란 선도 깊이 있는 느낌으로 완성할 수 있습니다.
요령만 알면 여러 모티브를 그리는 데 아주 좋은 도구지요!
일러스트의 예를 참고하여 그려봅시다.

주요 선을 그리고 잠시 뜸을 들여 잉크를 말린 후 색칠합니다.

스웨터 등 부드러운 질감은 힘을 빼고 그리세요.

선명한 색이라면 한 가지 색이라도 임팩트가 강렬합니다!

창문틀부터 가볍게 그린다→동물→세부적인 곳의 순서로 그려나갑니다.

맨 처음에 머플러를 그리고, 이어서 다른 곳을 그려넣으세요.

펜을 잘게 멈추면 나뭇가지의 우둘투둘한 느낌을 낼 수 있어요.

형광펜

프로퍼스 윈도우 /
미츠비시연필

투명한 느낌이 귀여운 펜입니다.
수첩이나 공책 말고도
아주 폭넓게 사용할 수 있는 펜이지요.

물에 사는 생물은 형광펜의 시원한 라인에 잘 어울려요!

반짝거리게 표현하고 싶은 모티브에도 잘 어울립니다.

부분적으로 덧칠해서 신기한 색 조합을 드러내 보세요.

도트 펜

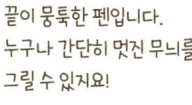
ZIG 클린 컬러 도트 /
쿠레타케

끝이 뭉툭한 펜입니다.
누구나 간단히 멋진 무늬를
그릴 수 있지요!

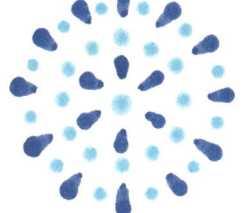

꽃을 톡톡 찍은 후, 줄기를 마커로 그려 넣습니다.

2~3색으로만 그려도 멋져요!

둥그런 모양의 과일도 쉽게 그릴 수 있어요.

보드용 마커

ZIG 포스트 초크 마커 /
쿠레타케

블랙 보드나 유리 등에 그려도 물로 닦아 지울 수 있는 편리한 펜이에요.

심플한 병에 새나 구름을 그려 넣어 북유럽풍 소품으로!

까칠한 촉감의 천에 원포인트 데코레이션이 귀여워요♪

검은색 종이를 컬러풀하게 장식해 봅시다.

● 저자

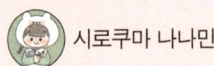 시로쿠마 나나민　 Emma　 오차　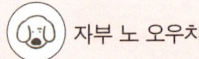 자부 노 오우치

● 스태프

편집	古野貴之（ホビージャパン）
	片倉まゆ
표지 디자인	柏倉美地（細山田デザイン事務所）
본문 디자인·DTP	能勢明日香
사진	林 均（林写真事務所）
협력	カモ井加工紙株式会社
	株式会社 北一硝子
	株式会社 呉竹
	ゼブラ株式会社
	ぺんてる株式会社
	マルマン株式会社
	三菱鉛筆株式会社

일러스트

시로쿠마 나나민
라인 스티커 제작이나 동영상 업로드 등 폭넓은 활동 중. 그림 그리는 법이나 '글라스펜'에 대한 책도 출간했다.
Instagram: srkmnnmn

Emma
귀엽고 단순한 일러스트를 잘 그린다. '글라스펜'을 사용하는 작품 제작 동영상을 업로드하고 있다.
Instagram: emma_illust_jp

오차
펜과 종이를 이용한 손그림 작품을 제작해 SNS에 매일 공유한다. 온라인 강의도 하고 있다.
Instagram: ocha_momi

자부 노 오우치
전직 보육 교사. 창작 모토는 '지금을 열심히 즐기고, 어른과 아이 모두에게 두근거림을'.
Instagram: jab_no_ouchi

Tamy
먹는 것을 매우 좋아하며 SNS에서 작품 제작 동영상을 공개 중이다. 와인과 산책에 대한 책을 집필했다.
Instagram: tamytamy2015

번역

김진아
서울여자대학교에서 경영학과 영어영문학을 전공. 현재는 일본어 전문 번역가이자 프리랜서 편집자로 활동하고 있다.

다꾸 시작할 땐 귀여운 손그림 일러스트

초판 1쇄 인쇄 2025년 11월 10일
초판 1쇄 발행 2025년 11월 15일

저자 : 시로쿠마 나나민·Emma·오차·자부 노 오우치
번역 : 김진아

펴낸이 : 이동섭
편집 : 이민규
디자인 : 조세연
기획·편집 : 송정환, 박소진
영업·마케팅 : 조정훈
e-BOOK : 홍인표, 정희철
라이츠 : 서찬웅
관리 : 이윤미

㈜에이케이커뮤니케이션즈
등록 1996년 7월 9일(제302-1996-00026호)
주소 : 08513 서울특별시 금천구 디지털로 178, B동 1805호
TEL : 02-702-7963~5　FAX : 0303-3440-2024
http://www.amusementkorea.co.kr

ISBN 979-11-274-5850-8 13590

Sukima Jikan ni Sasatto Kawaii Illust Renshucho
©Shirokuma Nanamin, Emma, Ocha, Jab No Ouchi / HOBBY JAPAN
Originally Published in Japan in 2025 by HOBBY JAPAN Co., Ltd.
Korea translation Copyright©2025 by AK Communications, Inc.

이 책의 한국어판 저작권은 일본 ㈜HOBBY JAPAN과의 독점 계약으로 ㈜에이케이커뮤니케이션즈에 있습니다.
저작권법에 의해 한국에서 보호를 받는 저작물이므로 무단전재와 무단복제를 금합니다.

*잘못된 책은 구입한 곳에서 무료로 바꿔드립니다.

Illustration Technique

- **데즈카 오사무의 만화 창작법**
  데즈카 오사무 지음 | 문성호 옮김
  거장 데즈카 오사무의 구체적 창작 테크닉

- **움직임으로 보는 민족의상 그리는 법**
  겐코샤 편집부 지음 | 이지은 옮김
  움직임으로 보는 민족의상 장면별 작화 요령 248패턴!

- **-오리지널 설정으로 살펴보는
  애니메이션 캐릭터 작화 & 디자인 테크닉**
  하야마 준이치 지음 | 이은수 옮김
  캐릭터 창작의 핵심을 전수하는 실전 테크닉

- **미소녀 캐릭터 데생** -얼굴·신체 편
  이하라 타츠야, 카도마루 츠부라 지음 | 이은수 옮김
  미소녀를 아름답게 표현하는 테크닉 강좌

- **미소녀 캐릭터 데생** -보디 밸런스 편
  이하라 타츠야, 카도마루 츠부라 지음 | 이은수 옮김
  캐릭터 작화의 기본은 보디 밸런스부터

- **다카무라 제슈 스타일 슈퍼 패션 데생**
  다카무라 제슈 지음 | 송지연 옮김
  패셔너블하고 아름다운 비율을 연습

- **만화 캐릭터 도감** -소녀 편
  하야시 히카루(Go office), 카도마루 츠부라 지음 | 조민경 옮김
  매력적인 여자 캐릭터 창작 테크닉을 안내

- **입체부터 생각하는 미소녀 그리는 법**
  나카츠카 마코토 지음 | 조아라 옮김
  매력적인 소녀의 인체를 그리는 비법

- **모에 남자 캐릭터 그리는 법** -얼굴·신체 편
  카네다 공방, 카도마루 츠부라 지음 | 이기선 옮김
  남자 캐릭터의 모에 포인트 철저 분석

- **모에 남자 캐릭터 그리는 법** -동작·포즈 편
  유니버설 퍼블리싱 지음 | 이은엽 옮김
  포즈로 완성되는 멋진 남자 캐릭터

- **모에 미니 캐릭터 그리는 법** -얼굴·신체 편
  카네다 공방, 카도마루 츠부라 지음 | 이은수 옮김
  모에 캐릭터 궁극의 형태, 미니 캐릭터

- **모에 캐릭터 그리는 법** -동작·감정표현 편
  카네다 공방, 카도마루 츠부라 지음 | 남지연 옮김
  다양한 장르 속 소녀의 동작·감정표현

- **모에 캐릭터를 다양하게 그려보자** -기본 테크닉 편
  미야츠키 모소코, 카도마루 츠부라 지음 | 이은수 옮김
  캐릭터의 매력을 살리는 다양한 개성 표현

- **모에 캐릭터를 다양하게 그려보자** -성격·감정표현 편
  미야츠키 모소코, 카도마루 츠부라 지음 | 이은수 옮김
  캐릭터에 개성과 생동감을 부여하는 묘사법

- **모에 로리타 패션 그리는 법** -기본적인 신체부터 코스튬까지
  (모에)표현탐구 서클, 카도마루 츠부라 지음 | 남지연 옮김
  가련하고 우아한 로리타 패션의 기본

- **모에 로리타 패션 그리는 법**
  -아름다운 기본 포즈부터 매혹적인 구도까지
  (모에)표현탐구 서클, 카도마루 츠부라 지음 | 이지은 옮김
  표현에 따라 다양한 매력을 연출하는 로리타 패션

- **모에 로리타 패션 그리는 법**
  -얼굴·몸·의상의 아름다운 베리에이션
  (모에)표현탐구 서클, 카도마루 츠부라 지음 | 이지은 옮김
  로리타 패션을 위한 얼굴과 몸, 의상의 관계를 해설

- **모에 두 명을 그리는 법** -남자 편
  카네다 공방, 카도마루 츠부라 지음 | 하진수 옮김
  '무게감', '힘', '두께'라는 세 가지 포인트로 해설

- **모에 두 명을 그리는 법** -소녀 편
  카네다 공방, 카도마루 츠부라 지음 | 김보미 옮김
  소녀 특유의 표현법을 빠짐없이 수록

- **모에 아이돌 그리는 법** -기본 편
  미야츠키 모소코, 카도마루 츠부라 지음 | 이은수 옮김
  퍼포먼스로 빛나는 아이돌 캐릭터의 매력 표현

- **인물 크로키의 기본** -속사 10분·5분·2분·1분
  아틀리에21, 카도마루 츠부라 지음 | 조민경 옮김
  크로키의 힘으로 인체의 본질을 파악

- **인물을 그리는 기본** -유용한 미술 해부도
  미사와 히로시 지음 | 조민경 옮김
  인물의 기본 묘사부터 실천적인 인물 표현법까지

- **연필 데생의 기본**
  스튜디오 모노크롬 지음 | 이은수 옮김
  데생을 시작하는 이들을 위한 데생 입문

- **컷으로 보는 움직이는 포즈집**
  마루샤 편집부 지음 | AK 커뮤니케이션즈 편집부 옮김
  박력 넘치는 액션을 동작을 초 단위로 나누어 수록

- **신 포즈 카탈로그** -벽을 이용한 포즈 편
  마루샤 편집부 지음 | AK 커뮤니케이션즈 편집부 옮김
  벽을 이용한 상황 설정을 완전 공략!

- **그림 같은 미남 포즈집**
  하비재팬 편집부 지음 | 김보미 옮김
  만화나 일러스트에 나오는 미남을 그리는 법!

- **남자의 근육 체형별 포즈집** -마른 체형부터 근육질까지
  카네다 공방 | 김재훈 옮김
  남성 캐릭터 근육의 모든 것

- **여고생 BEST 포즈집**
  쿠로, 소가와, 무츠키도, 마타로 지음 | 문성호 옮김
  일러스트레이터가 모델의 도움을 받아 재현한 이상적 포즈

- **슈트 입은 남자 그리는 법** -슈트의 기초 지식 & 사진 포즈 650
  하비재팬 편집부 지음 | 조민경 옮김
  남성의 매력이 듬뿍 들어있는 정장의 모든 것!

- **군복·제복 그리는 법** -미군·일본 자위대의 정복에서 전투복까지
  Col.Ayabe, (모에)표현 탐구 서클 지음 | 오광웅 옮김
  현대 군인들의 유니폼을 이 한 권에!

- **권총&라이플 전투 포즈집**
  하비재팬 편집부 지음 | 문성호 옮김
  멋진 건 액션을 자유자재로 표현!

- **전차 그리는 법** -상자에서 시작하는 전차·장갑차량의 작화 테크닉
  유메노 레이 외 7명 지음 | 김재훈 옮김
  상자 두 개로 시작하는 전차 작화의 모든 것

- **로봇 그리기의 기본**
  쿠라모치 쿄류 지음 | 이은수 옮김
  펜 끝에서 다시 태어나는 강철의 거신

- **팬티 그리는 법**
  포스트 미디어 편집부 지음 | 조민경 옮김
  궁극의 팬티 작화의 비밀 대공개

- **가슴 그리는 법**
  포스트 미디어 편집부 지음 | 조민경 옮김
  현실적이며 매력적인 가슴 작화의 모든 것

- **코픽 화가들의 동방 일러스트 테크닉**
  소차, 카카미 레오 지음 | 김보미 옮김
  동방 Project로 익히는 코픽의 사용법

- **아날로그 화가들의 동방 일러스트 테크닉**
  미사와 히로시 지음 | 김보미 옮김
  아날로그 기법의 장점과 즐거움

- **캐릭터의 기분 그리는 법**
  -표정·감정의 표면과 이면을 나누어 그려보자
  하야시 히카루(Go office)·쿠부 쿠린 지음 | 조민경 옮김
  캐릭터에 영혼을 불어넣는 심리와 감정 묘사

- **아저씨를 그리는 테크닉** -얼굴·신체 편
  YANAMi 지음 | 이은수 옮김
  다양한 연령대의 아저씨를 그리는 디테일

- **학원 만화 그리는 법**
  하야시 히카루 지음 | 김재훈 옮김
  학원 만화를 통한 만화 제작 입문

- **대담한 포즈 그리는 법**
  에비모 지음 | 이은수 옮김
  역동적인 자세 표현을 위한 작화 가이드

- **프로의 작화로 배우는 만화 데생 마스터**
  -남자 캐릭터 디자인의 현장에서
  하야시 히카루, 쿠부 쿠린, 모리타 카즈아키 지음 | 김재훈 옮김
  현역 애니메이터의 진짜 「남자 캐릭터」 작화술

- **프로의 작화로 배우는 여자 캐릭터 작화 마스터**
  -캐릭터 디자인·움직임·음영
  모리타 카즈아키, 하야시 히카루, 쿠부 쿠린 지음 | 김재훈 옮김
  유명 애니메이터 모리타 카즈아키의 「여자 캐릭터」 작화술

- **인물을 빠르게 그리는 법** -남성 편
  하가와 코이치, 카도마루 츠부라 지음 | 김재훈 옮김
  인물을 그리는 일정한 법칙과 효율적인 그리기

- **미니 캐릭터 다양하게 그리기** -귀염발랄 2.5 / 2 / 3등신 편
  미야츠키 모소코, 카도마루 츠부라 지음 | 문성호 옮김
  비율별로 다른 그리는 법과 순서, 데포르메 요령

- **전투기 그리는 법** -십자선으로 기체와 날개를 그리는 전투기 작화 테크닉
  요코야마 아키라 외 9명 지음 | 문성호 옮김
  모든 전투기가 품고 있는 '비밀의 선'

- **남녀의 얼굴 다양하게 그리기**
  YANAMi 지음 | 송명규 옮김
  남녀 캐릭터의 얼굴을 서로 구분하여 그리는 법

- **현실감 있게 묘사하는 인물화**
  -프로의 45년 테크닉이 담긴 유화와 수채화
  미사와 히로시 지음 | 김재훈 옮김
  화가 미사와 히로시의 작품과 제작 과정 소개

- **코픽 마커로 그리는 기본** -귀여운 캐릭터와 아기자기한 소품들
  카와나 스즈, 카도마루 츠부라(편집) 지음 | 김재훈 옮김
  코픽 마커의 특징과 손으로 직접 그리는 즐거움을 소개

- **여성의 몸 그리는 법** -골격과 근육을 파악해 섹시하게 그리기
  하야시 히카루 지음 | 문성호 옮김
  캐릭터화된 여성 특유의 '골격'과 '근육'을 완전 분석

- **5색 색연필로 완성하는 REAL 풍경화**
  하야시 료타 지음 | 김재훈 옮김
  세계적 색연필 아티스트의 풍경화 기법 공개

- **관찰 스케치** -사물을 보는 요령과 그리는 즐거움
  히가키 마리코 지음 | 송명규 옮김
  디자이너의 눈으로 파헤치는 사물 속 비밀

- **무장 그리는 법** -삼국지·전국 시대·환상의 세계
  나가노 츠요시, 타마가미 키미(감수) 지음 | 문성호 옮김
  일러스트 분야의 거장, 나가노 츠요시의 작품 세계

- **여성의 몸 그리는 법** -섹시한 포즈 연출법
  하야시 히카루 지음 | 문성호 옮김
  여성 캐릭터의 매력을 끌어올리는 시크릿 테크닉

- **하루 만에 완성하는 유화의 기법**
  오오타니 나오야 지음 | 김재훈 옮김
  적은 재료로 쉽게 시작하는 1일 1완성 유화

- **손그림 일러스트 연습장**
  -따라만 그려도 저절로 실력이 느는 마법의 테크닉
  쿠도 노조미 지음 | 김진아 옮김
  진짜 그림 초보자를 위한 간단하고 귀여운 손그림이 가득

- **캐릭터 의상 다양하게 그리기** -동작과 주름 표현법-
  라비마루, 운세츠(감수) 지음 | 문성호 옮김
  캐릭터를 위한 스타일링 참고서

- **컬러링으로 배우는 배색의 기본**
  사쿠라이 테루코·시라카베 리에 지음 | 문성호 옮김
  색채 전문가가 설계한 힐링 학습서

- **캐릭터 수채화 그리는 법** -로리타 패션 편-
  우니, 카즈마루 츠부라 지음 | 김진아 옮김
  캐릭터의, 캐릭터에 의한, 캐릭터를 위한 수채화

- **수채화 수업 꽃과 풍경**
  타마가미 키미 지음 | 문성호 옮김
  수채화 초보·중급 탈출을 위한 색채력 요점 강의

- **Miyuli의 일러스트 실력 향상 TIPS**
  -캐릭터 일러스트 인물 데생 테크닉
  Miyuli 지음 | 김재훈 옮김
  독일 출신 인기 일러스트레이터 Miyuli의 테크닉

- **액션 캐릭터 일러스트 그리기** -생동감 넘치는 액션 라인 테크닉-
  나카츠카 마코토 지음 | 김재훈 옮김
  액션라인을 이용한 테크닉을 모두 공개

- **밀착 캐릭터 그리기** -다양한 연애장면 표현법-
  하야시 히카루 지음 | 김재훈 옮김
  형태 잡는 법부터 밀착 포즈의 만화 데생까지 꼼꼼히 설명

- **목·어깨·팔 움직임 다양하게 그리기**
  -인체 사진의 포즈를 일러스트로 표현
  이토이 쿠니오 지음 | 김재훈 옮김
  복잡하게 움직이는 목과 어깨를 여러 방향에서 관찰, 그리는 법

- **BL 러브신 작화 테크닉** -매력적이고 설득력 있는 묘사의 기본-
  포스트 미디어 편집부 지음 | 김재훈 옮김
  BL 러브신에 빼놓을 수 없는 묘사들을 상세 해설

- **리얼 연필 데생** -연필 한 자루면 뭐든지 그릴 수 있다-
  마노즈 만트리 지음 | 문성호 옮김
  연필 한 자루로 기본 입체부터 고양이, 인물, 풍경까지!

- **캐릭터 디자인&드로잉 완성** -컬러로 톡톡 튀는 일러스트 테크닉-
  쿠루미츠 지음 | 문성호 옮김
  프로의 캐릭터 디자인과 일러스트에 대한 생각, 규칙, 문제 해결법!

- **판타지 몬스터 디자인북**
  미도리카와 미호 지음 | 문성호 옮김
  동물을 기반으로 몬스터를 만드는 즐거움

- **컬러링으로 배우는 색연필 그림**
  와카바야시 마유미 지음 | 문성호 옮김
  12색만으로 얼마든지 잘 그릴 수 있다

- **수채화 수업 빵과 정물**
  모리타 아츠히로 지음 | 김재훈 옮김
  10가지 색 물감만으로 8가지 빵을 완성한다!

- **일러스트로 배우는 채색 테크닉**
  무라 카루키 지음 | 김재훈 옮김
  7개의 메인 컬러를 사용한 채색 테크닉을 꼼꼼히 설명하다

- **생동감 넘치는 캐릭터 그리기** -리얼한 무게 표현법-
  하야시 히카루 지음 | 김재훈 옮김
  캐릭터에게 생동감을 더하는 무거움·가벼움 표현을 마스터하자!

- **매력적인 여자 캐릭터 채색 테크닉**
  HJ기법서 편집부 지음 | 김재훈 옮김
  인기 일러스트레이터가 강조하는 매력 표현의 포인트

- **달리는 소녀 그리는 법**
  포스트 미디어 편집부 지음 | 김재훈 옮김
  달리는 소녀의 모습을 약동감 있게 표현하는 요령을 마스터

- **손그림 일러스트 연습장 2** -인물 표정, 몸짓, 복장, 동물이 한가득-
  쿠도 노조미 지음 | 김진아 옮김
  인물, 동물, 패션 중심의 생생한 일러스트

- **데포르메 로봇 그리기**
  쿠라모치 쿄루 지음 | 김재훈 옮김
  멋지고 귀여운 데포르메 로봇 디자인의 세계

- **미소년 일러스트 채색 테크닉**
  무라 카루키 지음 | 김재훈 옮김
  눈길을 사로잡는 귀엽고 멋진 캐릭터 완성 테크닉

- **악역 영애·영애·성녀 그리기**
  포스트 미디어 편집부 지음 | 문성호 옮김
  판타지 작품의 인기 여자 캐릭터를 그리기 위한 포인트

- **인기 일러스트레이터에게 배우는 색과 캐릭터**
  하비재팬 편집부 지음 | 김건용 옮김
  아름다운 일러스트로 배우는 시선을 사로잡는 색 감각

- **관찰 데생의 기본**
  야기 히데토 지음 | 김건용 옮김
  '본질을 꿰뚫는 힘'을 기르는 데생 테크닉

- **쉽게 시작하는 손그림 수업**
  B6드로잉맨 지음 | 박미진 옮김
  작은 정물부터 거리 풍경까지 자유롭게 표현

- **끌리는 인물 일러스트 그리는 법**
  타무라 케이이치, 야마구치 마리코 지음 | 김건용 옮김
  어떤 일러스트 장르에서도 응용할 수 있는 아이디어

- CLIP STUDIO PAINT 바로 써먹는
  프로들의 도구 활용법과 일러스트 테크닉
  하비재팬 편집부 지음 | 김건용 옮김
  작업 효율과 퀄리티를 올려주는 도구와 기능 활용법

- **캐릭터 일러스트를 살리는 선 그리기**
  하비재팬 편집부 지음 | 김건용 옮김
  '직선', '도형', '곡선', '원' 등 그림의 기본을 집중 해설

- **미니 캐릭터 의상을 귀엽게 그리는 법** -여자아이 편-
  모리타 윳케 지음 | 김건용 옮김
  미니 캐릭터의 다양한 의상과 그리는 포인트를 소개

- **남자 캐릭터의 매력을 살리는 일러스트 테크닉**
  진케이 지음 | 김건용 옮김
  아름답고 멋진 남자 캐릭터를 그리기 위한 채색 테크닉

- 미니 캐릭터 포즈집
  하비재팬 편집부 지음 | 김건용 옮김
  총 400가지의 작고 귀여운 미니 캐릭터 포즈 수록

- 카와구치 잇사의 여자아이 일러스트 포즈집
  카와구치 잇사 지음 | 김건용 옮김
  시선을 사로잡는 유연한 여자아이 포즈 모음

- Miyuli의 캐릭터 일러스트 테크닉
  -살아 움직이는 매력적인 캐릭터를 묘사하는 비결
  Miyuli 지음 | 김건용 옮김
  캐릭터의 표정, 포즈, 움직임을 더 풍부하게 만드는 인기 작가의 비법

- 일러스트로 보는 동물귀 캐릭터 도감
  키누타니 유타카, 쿠노오, 이누야오 지음 | 김건용 옮김
  동물의 특징이 디테일하게 녹아 있는 동물귀 캐릭터 창작하기

- 여자 일러스트 표정 그리기 -손 드로잉·포즈·감정표현 마스터
  카키마쿠(kakimaku) 지음 | 김건용 옮김
  표정이 생생해서 더 매력 있는 여자 일러스트 드로잉&연출법

- 감성 한 스푼 인물 드로잉 연습
  -mashu의 느긋하고 즐거운 그림 수업
  mashu 지음 | 김건용 옮김
  선과 원으로 토대를 쌓아 나만의 스타일로 완성하는 감성 일러스트

일러스트 포즈 자료집

- 일러스트를 빠르게 완성하는 테크닉
  모모이로네 지음 | 김재훈 옮김
  매일 즐거운 그림을 그리는 데 유용한 노하우를 수록

- 미니 캐릭터 다양하게 그리기 -액션·포즈 편
  미야츠키 모소코 지음 | 김재훈 옮김
  개성 넘치고 멋진 미니 캐릭터 포즈 테크닉

- 캐릭터 의상 멋지게 그리기
  라비마루 지음 | 김재훈 옮김
  실제 의복의 형태와 특징을 일러스트에 활용

- 인체 드로잉 마스터 가이드
  샤오 웨이춘 지음 | 김재훈 옮김
  인체의 구조와 원리로 자연스러운 동작과 표정 연출

- 슈퍼 데포르메 포즈집 -기본 포즈·액션 편
  Yielder, 카도마루 츠부라 지음 | 이은수 옮김
  데포르메 캐릭터의 다양한 포즈 소재와 작화 요령

- 슈퍼 데포르메 포즈집 -꼬마 캐릭터 편
  Yielder 지음 | 김보미 옮김
  다양한 포즈의 2등신 데포르메 캐릭터를 해설

- 슈퍼 데포르메 포즈집 -남자아이 캐릭터 편
  Yielder 지음 | 김보미 옮김
  장면에 따라 달라지는 남자아이 캐릭터 특유의 멋

- 슈퍼 데포르메 포즈집 -연애 편
  Yielder 지음 | 이은엽 옮김
  데포르메 캐릭터의 두근두근한 연애 장면

- 손동작 일러스트 포즈집 -알기 쉬운 손과 상반신의 움직임
  하비재팬 편집부 지음 | 문성호 옮김
  유명 일러스트레이터들의 손 그리는 법에 대한 해설

- 여성 몸동작 일러스트 포즈집 -일상생활부터 액션/감정 표현까지
  하비재팬 편집부 지음 | 김진아 옮김
  웹툰·만화에 최적화된 5등신 캐릭터의 각종 동작들

- 캐릭터가 돋보이는 구도 일러스트 포즈집
  -시선을 사로잡는 구도 설정의 비밀
  하비재팬 편집부 지음 | 문성호 옮김
  그림 초보를 위한 화면「구도」결정하는 방법과 예시

- 소품을 활용하는 일러스트 포즈집
  -소품별 일상동작 완벽 표현 가이드
  하비재팬 편집부 지음 | 김진아 옮김
  디테일이 살아 있는 소품&포즈 일러스트

- 자연스러운 몸짓 일러스트 포즈집
  -캐릭터의 자연스러운 동작 표현법
  하비재팬 편집부 지음 | 문성호 옮김
  캐릭터의 무의식적인 몸짓이나 일상생활 포즈를 풍부하게 수록

- 친구 캐릭터 일러스트 포즈집
  -친구와의 일상부터 학교생활, 드라마틱한 장면까지
  하비재팬 편집부 지음 | 김진아 옮김
  캐릭터의 무의식적인 몸짓이나 일상생활 포즈를 풍부하게 수록
  이상적인 친구간 시추에이션을 다채롭게 소개·제공

- 일러스트레이터를 위한 헤어 카탈로그
  무나카타 히사츠구 감수 | 김진아 옮김
  360도로 보는 여성의 21가지 기본 헤어스타일 사진자료

- 남자 캐릭터 일러스트 포즈집
  하비재팬 편집부 지음 | 김진아 옮김
  자연스러운 자세의 남자 포즈 250점을 수록

- 360도 다양한 앵글로 얼굴 그리기
  하비재팬 편집부 지음 | 김진아 옮김
  어떤 각도의 얼굴도 그릴 수 있는 얼굴 모델 모음집